铁路客运服务系列图书

客运车站服务技巧

《客运车站服务技巧》编委会◎编

中国铁道出版社有限公司
CHINA RAILWAY PUBLISHING HOUSE CO., LTD.

内 容 简 介

本书为“铁路客运服务系列图书”之一。全书共八章，主要包括铁路客运服务概述、服务理念与职业素养、旅客心理研究与有效沟通、站务工作规范与服务技能、客运重点旅客服务、车站客运岗位常见情形处置、车站服务案例及分析和铁路客运服务人员个人能力提升。本书突出职业的针对性和实用性，便于职工学习、理解和掌握。

本书既可以作为铁路客运工作人员日常适应性培训教材，也可以作为其他相关专业人员的参考书籍。

图书在版编目（CIP）数据

客运车站服务技巧/《客运车站服务技巧》编委会编. —北京：中国铁道出版社有限公司，2022.7
ISBN 978-7-113-27682-9

Ⅰ.①客… Ⅱ.①客… Ⅲ.①铁路运输-客运服务-技术培训-教材 Ⅳ.①U293.3

中国版本图书馆 CIP 数据核字（2020）第 273192 号

书　　名：客运车站服务技巧
作　　者：《客运车站服务技巧》编委会

策　　划：冯凡卡
责任编辑：薛丽娜　鹿金炜　　　**编辑部电话**：(010)51873023
封面设计：高博越
封面摄影：梁　瑞
责任校对：孙　玫
责任印制：高春晓

出版发行：中国铁道出版社有限公司（100054，北京市西城区右安门西街 8 号）
网　　址：http://www.tdpress.com
印　　刷：北京铭成印刷有限公司
版　　次：2022 年 7 月第 1 版　2022 年 7 月第 1 次印刷
开　　本：880 mm×1 230 mm 1/32　**印张**：7　**字数**：182 千
书　　号：ISBN 978-7-113-27682-9
定　　价：32.00 元

编审委员会

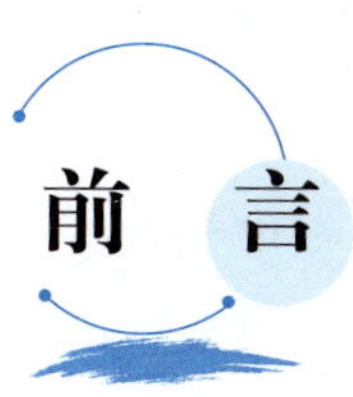

前言

铁路旅客运输一直在我国运输业中占有非常重要的地位,“交通强国,铁路先行”是党的十九大后中国铁路肩负的神圣使命。《中共中央关于制定国民经济和社会发展第十四个五年规划和二〇三五年远景目标的建议》(以下简称《建议》)明确提出“推进能源、铁路、电信、公用事业等行业竞争性环节市场化改革”。为贯彻落实《建议》的新要求,铁路运输企业必须拥有一支思想素质好、文化素质好、服务态度好、外部形象好的铁路客运服务队伍,以此提供优质的旅客运输服务,提升铁路的市场竞争力。

铁路客运服务是铁路企业参与市场竞争的有效手段,也是铁路企业管理水平的具体体现。铁路客运服务要不断追求高标准,做到细微化服务、个性化服务,创造服务特色,打造服务品牌。

本书内容突出“以人为本”的服务理念,以提高职工自我意识、自我管理能力为主线,系统全面地介绍铁路车站客运服务人员应具备的职业素质、工作能力和服务技巧,力求做到全面、具体、适度,对铁路客运服务人员的培养具有针对性和实用性。本书编写文字通俗、言简意赅、条理清晰，便于职工学习、理解和掌握。

由于编写水平有限，书中的缺点和疏漏之处在所难免，恳请读者给予批评指正。

编委会

2022年4月

目　录

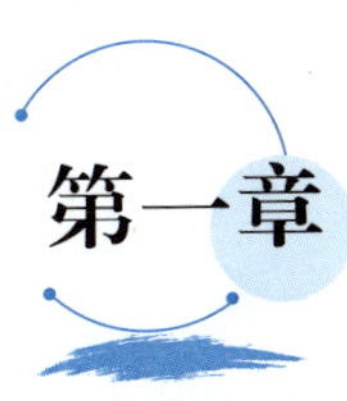

第一章

铁路客运服务概述

铁路运输是我国运输的主要方式，是国民经济的大动脉，是国民经济活动的重要组成部分。铁路运输联系着千千万万旅客和遍布城乡的企业，它的运行状况关系着国民经济的发展和国家的声誉，有着举足轻重的作用。

铁路客运服务是依托铁路客运产品而存在的，铁路客运产品是实现旅客的位移。因此，铁路客运服务是指在旅客的位移中，为最大限度地满足旅客的旅行需求，而提供安全、舒适、高效、便捷的劳务活动。铁路客运服务的目的是为吸引更多的人选择铁路出行，为铁路运输企业创造更多的运输收入。这是铁路运输企业遵循市场规律，在不断提升旅客满意度、增强旅客获得感的基础上，实现铁路运输企业与旅客共赢的过程。

铁路客运服务的宗旨是“人民铁路为人民”，理念是“以人为本，旅客至上”。这就要求铁路客运服务人员在与旅客交往过程中，应当展现出尊重他人、亲切友好、细致耐心等行为规范和艺术，能尽量满足旅客在旅行过程中对物质、精神层面的不同需求。从旅客的角度讲，铁路客运服务的水平逐渐成为其消费选择的影响因素之一，旅行过程的体验感也成为铁路客运改进服务的关键。要实现铁路优质服务，就要求铁路运输企业努力，实现安全正点、方便快捷、设备良好、环境整洁、饮食卫生、文明服务等，这些内容都是铁路优质服务的重要组成部分。

第一节 服务与铁路客运服务

一、服　　务

服务是指为他人做事，并使他人从中受益的一种有偿或无偿的活动。不以实物形式，而以提供劳务活动的形式满足他人需要。服务工作是社会分工的一种劳动形式。服务作为现代服务业的重要组成，具备以下几个方面的特征：

（一）利 他 性

服务是满足他人需要的活动，不是满足自己需要的活动。满足自己需要的活动，不能称为服务。服务是不能自产自用的，只有满足他人需要的活动才可能是服务。服务离不开他人的需要，因此具有利他性的特点。

（二）交 易 性

服务是用以交易的活动。在市场经济条件下，满足他人需要的服务只有通过交易才能提供，离开交易，就不存在真正意义上的服务。例如，父母照看自己的孩子，自己照顾自己的父母，就不能称为服务。而保姆照顾他人的孩子，可以称为服务，这里存在着交易。

（三）无 形 性

服务本身是无形的或抽象的。不仅律师、护理、保姆这些看起来很容易理解的服务是无形的，就是交通、金融、保险、餐饮、旅游、娱乐等具有有形实体成分的服务，本质上也是无形的。例如，餐饮业的菜肴、点心、酒、饮料以及厨师和铁路客运服务人员是有形的，但这些实体服务并不是餐饮服务的本质，餐饮服务的本质是烹饪服务、就餐服务和酒或饮料的买卖服务，而这些服务是无形的、抽象的。

（四）所有权的不可转移性

所有权的不可转移性是指服务的受用者在从服务中获取价值的同时

并不获得对任何有形要素的所有权(食品服务和维修服务过程中的零部件安装是例外情况)。服务是一种人的活动,人的活动能被他人所享受,但不能被他人占有,因此服务本身不发生所有权的转移。不仅律师、保姆、护理等这些看起来很容易理解的服务与所有权无关,就是餐饮、金融房地产、美食等伴随所有权转移的服务,本质上也与所有权无关。

(五)瞬间性

服务的瞬间性是指服务不能被储存、转售或退回的情况。电影院里的一个位子,律师一个小时的时间是不能重新收回并在以后使用或重新出售的。这与有形商品可以存放在仓库或在另一天出售,或者由于旅客不满意而退货的情况形成鲜明对比。服务一瞬间的言行举止,决定了旅客的感受、印象、判断。如服务言语、服务态度、面部表情好不好,服务是否热情周到,车站地面、墙面、玻璃是否干净;座椅、热水器是否功能良好;厕所有无异味旅客在瞬间就会做出判断。

二、铁路客运服务概念

根据“服务”的概念,结合铁路客运服务实际情况,我们认为,铁路客运服务就是以旅客的需求为中心,为满足旅客不断增长的多样化、个性化需要而提供的一种服务。这个概念体现了旅客是铁路客运服务的核心和主体,铁路客运服务人员、服务部门只是铁路客运服务的客体。这是从狭义的角度给铁路客运服务所下的定义,但实际上铁路客运服务的含义并非仅此而已,还有更丰富的内涵。

铁路客运服务是为旅客提供时间、空间位移需求的服务,涉及人与人的沟通交流,人的复杂性和不确定性,让服务心理和被服务心理都具有复杂性。铁路客运服务是一门综合性较强的艺术,它包括法学、语言学、礼仪学、公共关系学、卫生学、管理学等相关领域知识及相关业务技能。想达到这么多知识和技能要求,如果以简单完成工作流程的心态去服务,显然是不行的、不够用的,更别说做到完美。在铁路客运服务过程中,铁路客运服务人员必须熟悉业务知识，掌握服务技能，才能做好服务工作。

根据铁路客运服务的实践，可以从下面三种不同的角度来认识、理解铁路客运服务。

1. 广义角度

铁路客运服务不仅包括单纯的服务技巧，还包括铁路运输企业所提供的各项内外设施，是有形设施和无形服务共同组合而成的有机整体。

2. 旅客角度

铁路客运服务是旅客在消费过程中所感受到的一切行为和反应，可以说是一种感受，也可以说是铁路运输企业及铁路客运服务人员的表现给他们留下的印象和体验。

3. 铁路运输企业角度

铁路客运服务的本质是铁路客运服务人员的工作表现。这是铁路运输企业提供给旅客的无形产品，而这个产品具有消费和生产同时发生的特性，而且不可能储存。

三、铁路客运服务特点

铁路客运服务岗位在之前分为知识型岗位和操作型岗位。随着电子客票、信息系统的推广使用，客运组织模式也随之调整变化。个别车站以采取兼职并岗，固定岗和流动岗组合等方式压缩客运岗位设置数量，以达到减少人员配备，提高劳动效率的目的。因此，铁路客运服务知识性和操作性岗位的分工已不再明显，混合型岗位更适应现行的铁路客运服务需求。具体来说，铁路客运服务有以下几个特点：

(一)灵 活 性

铁路客运服务的灵活性在于其服务对象服务场景的多变性。由于服务对象是活生生的人，而且服务场景不断变化，这决定了在工作过程中会有很多难以预料的情况发生，需要铁路客运服务人员灵活处理，竭尽全力为旅客提供好服务。

(二)创 造 性

铁路客运服务除具有灵活性特点外,还应具有一定的创造性。其岗位服务规程不可能包括即将要发生、面对的所有服务环节,尤其是对于一些临时出现的服务细节更需要铁路客运服务人员发挥创造力。根据现场实际情况,旅客的个性化需求,制定更匹配、适宜的服务方案。

(三)时 效 性

铁路旅客运输合同的基本凭证是车票。旅客乘车所购买的车票就是旅客享有铁路客运服务的消费凭证。通常意义的铁路客运服务从旅客购票开始,进站候车、登乘列车,最后抵达目的地,出站为止。铁路客运服务具有明显的时效与地域界限,与铁路车票中旅客运输的运输期间、位移空间一致。超出车票有效期、乘车区间的铁路客运服务是无效的。

(四)一 次 性

铁路客运服务具有无形性、生产与销售的同时性、消费的一次性等特点。铁路客运服务同样具备这些特点。旅客的乘车行为与列车的发出、抵达过程及客运人员的服务是同时发生的,并且这个消费与服务的过程一次发生后失效,不具备可储存性。

(五)层 次 性

铁路客运服务是一个满足旅客需求的过程,旅客的乘车体验需求是有层次区分的。安全、准时是所有旅客对铁路客运服务的基本需求;快捷、便利、舒适是旅客对铁路客运服务的享受需求,旅客个性差异决定了其对铁路客运服务还具有个性化的需求。

(六)安 全 性

“行车走马三分险,安全责任重万钧。”安全是交通运输行业永恒的服务宗旨,也是铁路客运服务的重要内容。安全到达目的地是旅客对铁路客运服务的基本需求。铁路客运服务必须首先在保障旅客生命、财产安全的基础上,尽量满足旅客的其他需求,才能让旅客收获舒心、舒适的旅行体验。

(七)综 合 性

铁路客运服务从旅客购票开始,经历车站安检、候车、进站上车、列车服务、行李服务等环节,到旅客抵达并离开目的地车站结束。铁路客运服务是在上述一系列服务过程中诞生的综合性产品。同时,铁路客运服务是车站与列车的服务设备、环境及铁路客运服务人员共同构成的整体。

(八)工作过程显性,工作行为具有可衡量性

铁路客运服务岗位的工作过程一般都是外显的,这一点与生产操作型岗位有相似之处。旅客和管理者可以直接通过观察到的行为举止,评价其服务质量。虽然铁路客运服务岗位的铁路客运服务人员不像生产岗位工作人员那样每个动作都必须严格按规定要求做,但其工作基本流程是明确的,是有章可循的。

综上所述,优质的铁路客运服务要求铁路客运服务人员必须树立服务意识,用礼貌、友善、细致、耐心的服务态度去服务每一名旅客,为旅客营造宾至如归的旅行环境。

四、铁路客运服务的分类

铁路客运服务的分类,根据不同的分类标准或不同的分类角度,会有不同的分类。

(一)从服务的表现形式上划分

1. 实体服务

铁路客运服务的实体服务体现在站车客运组织流程环节中,例如售退票、实名制验证、行李安检、检票进出站等;也体现在旅客候乘环境中,例如开水供应、卫生清扫、行李搬运、广播宣传、饭食供应等。这些是旅客能够切身感受到的、实实在在的体验,不同的旅客群体对实体服务的评价基本能保持统一,服务的好坏很容易做出判断。

2. 精神服务

铁路客运服务的精神体现在旅客位移全过程中,所有铁路客运服务人

员的仪容仪表、言谈举止上，专业水准、职业道德、思想品质、个人修养、情绪管控的高水平服务，给旅客直接的内心触动，让旅客有获得感、满足感、身心愉悦，是铁路客运服务应该追求的精神服务。

这其中，不管是实体服务，还是精神服务，都会给旅客留下深刻的印象。实体服务在企业规章制度的约束下和对铁路客运服务人员的反复强化培训中，可以实现标准化作业。但精神服务更应该受到重视，铁路运输企业应适当筛选、调剂、补充符合铁路客运服务要求的人员，通过日常或专项培训让铁路客运服务人员养成良好的服务习惯，从而使铁路客运服务人员在文明、礼仪、素质修养方面有本质性的提升。

（二）从服务的价值属性上划分

1. 铁路客运商品性服务

铁路客运商品性服务是指在铁路客运服务中提供旅客所需要的商品，使商品价值转移而提供的服务。铁路客运商品性服务将改变商品原有的空间区域、质地形态、内在价值，提升为更优质、更符合旅客需要的商品。具体可以分为以下三种：

（1）同转换铁路客运商品价值有关的服务。铁路运输企业从一座城市运送商品至其他城市，这个过程所提供的所有劳务都属于商品性服务。例如，站车售卖沿线城市特产、纪念品，也可为旅客提供寄递商品服务，既方便旅客探亲访友的“礼尚往来”，更将当地人文文化、物产资源进行广泛宣传，提高了城市知名度。

（2）与增加铁路客运商品价值有关的服务。铁路运输企业对商品进行二次或多次加工，增加商品价值使其更符合旅客旅行需求，例如，餐饮公司对食物加工，将生鲜食材处理制成可供旅客直接食用的盒饭、小吃、零食等。候车室内的餐厅、列车餐车，更是为这一种加工性质的服务提供了场地、设备等条件，通过这种服务增加了商品的价值。

（3）同延伸铁路客运商品价值有关的服务。铁路运输企业为提高旅客满意度，保证基础服务，也拓展延伸服务项目。例如，开办客票代售点，候车室安装热水器、充电桩，提供接送站、代订酒店，以及旅游景点门票的服务。

这些服务措施并不能增加铁路客运产品的价值，但是能增加铁路客运产品销售量，提高铁路运输企业的载运量，从而增加旅客运输收入。

2. 铁路客运劳务性服务

铁路客运劳务性服务是指不涉及铁路客运商品内在价值的服务，主要是通过提供劳务活动来满足旅客的某种需要。铁路客运劳务性服务涉及的范围甚广，可以说凡是涉及与铁路客运商品价值无关或者基本无关的保障性服务，都属于铁路客运劳务性服务。例如，回答旅客问询、指引旅客进出站、维护车站服务场所公共秩序、帮重点旅客提拿行李，以及突发事件对旅客的紧急救助等。

（三）从服务的层次作用上划分

1. 功能性服务

铁路客运功能性服务体现了铁路客运服务的惯性。铁路客运功能性服务不仅包括铁路客运服务人员的“软件”服务，也需要得到设备设施“硬件”服务的支持。在法律法规、行业制度的约束管理下，铁路客运功能性服务包括确保旅客运输组织平稳有序设置的所有服务环节。例如，铁路运输企业应向旅客公开各线路、各车次、各席别的票价以及剩余票额等，允许旅客自主选择乘坐的列车；对旅客车票进行实名制验证、检票，引导旅客安全乘车；对旅客提出疑问进行解答，协助旅客办理车票退改手续。

2. 保障性服务

铁路客运保障性服务旅客不直接接触，但铁路运输企业为实现旅客位移，采取了很多保障性措施，此项服务不仅涉及客运部门，还涉及车辆、机务、供电、电务、运输等部门，并涉及安检仪、闸机、电梯等客服设备设施的维修保养部门，是涉及范围广、综合型的服务。例如，铁路运输企业为确保旅客列车正点率，合理布局、调整列车运行图；为满足节假日增开的旅客列车，铁路运输企业调剂挖潜内部人员参与铁路客运服务。

3. 应急性服务

铁路客运应急性服务是发生在非正常情况下，铁路运输企业需要做出的应急性调整服务。例如，列车晚点或停运情况下，铁路运输企业需要对旅客后续行程进行安排、对车票进行处理。铁路客运服务人员在服务过程中出现错漏，必须做好紧急服务补救，防止事态扩大，避免造成不可挽回的生命、财产损失。当局势复杂，突发事件需要铁路外系统予以配合时，还须紧急请求地方政府支持，安排地铁、汽车等公共交通工具做好旅客接驳，可能还需要得到医疗、公安等部门的力量补充。

(四)从服务的时间节点上划分

1. 事前服务

事前服务，是指旅客未选择铁路旅客运输前，铁路运输企业对旅客所做的服务内容。例如，铁路运输企业通过多渠道向旅客介绍铁路乘车旅行知识，增加群众对铁路运输安全正点的信心，从吸引旅客的现实角度出发，介绍选择铁路交通出行的益处。事前服务包括铁路运输企业是否有前往目的地的直达车，列车开行时间是否方便旅客乘坐，票价处于什么档次、是否在经济承受范围内。

2. 事中服务

事中服务，是指旅客从购买车票至到达旅行目的地全过程中，铁路运输企业所提供的服务。铁路运输企业应提供与旅客车票信息相符的服务，包括列车等级、席位等级，遵循服务质量规范要求，实现对外承诺的免费服务项目。

3. 事后服务

旅客到达目的地并不意味着铁路运输企业与他们建立的服务关系的结束。如果这时能针对他们的需要提供一些事后服务，可以使他们增加对铁路运输企业的信任感，如旅客发现自己在旅行中有丢失东西等情况都存在对旅客的事后服务。

(五)从服务的需求分类上划分

1. 交易性服务

交易性服务是本着利益交换、互惠互利的原则进行的服务。旅客支付了运输费用,铁路运输企业就需要提供与之相匹配的服务。除铁路客运产品应质价相符外,其他伴随铁路旅客运输而产生的交易行为也应合情合理,与大众市场同质同价,如餐饮购物、贵宾室候车、专人接送、物品寄递等服务项目。

2. 便利性服务

便利性服务是掌握旅客旅行需求后,在不同的服务环境设置对应的服务环节,让旅客体会便利,满足旅客希望得到便捷的需求。例如,在候车室设置开水器、洗手间,各式餐厅让旅客拥有更多选择;在车站母婴候车区还提供婴儿床、儿童书籍、玩具等。配套的车站枢纽有文娱场所、购物中心、停车场、出租车队等,这种综合型、整体化的服务,为旅客提供极大方便。

3. 享受性服务

享受性服务是满足旅客舒适度的需求。车站候车室整体布局和楼内陈设给人以美感,能提供丰富多彩、健康充实的物质和精神活动。例如,候车室播放舒缓音乐、Wi-Fi电视电影、书籍画册等;铁路客运服务人员的服饰、语言、态度,服务内容的适时恰当、幽默趣味、实惠可靠,甚至是令旅客感到意外惊喜的服务,让旅客获得感增加,使旅客感到接受铁路客运服务是一种享受。

4. 知识性服务

知识性服务是满足旅客好奇心、求知欲、扩大视野的需求。例如,介绍一些乘车旅行知识、列车途经地区的人文文化、旅游景观等。

铁路客运服务的分类虽然不同,但它们之间却是紧密联系、不可分拆的。从不同角度说明其服务的特性,有助于从多层次、全方位去了解掌握铁路客运服务的本质,并且有助于理解铁路客运服务的广义和狭义之分。

第二节　铁路客运服务质量

铁路旅客运输将当前社会不同背景、不同层级，在认知、思想、意识各个方面都有差异的一群人聚集在一起。铁路客运服务时间长、场景多，人与人之间互相接触、互相影响，对铁路客运服务的评价感受不一样。但是，人们通过这个服务窗口可以看出铁路运输企业管理制度，铁路职工队伍素质；这个窗口能够展示铁路运输企业的精神风貌和现代化程度，外籍旅客也能通过这个服务窗口看到中华民族的传统美德、礼仪文化。为此，铁路运输企业对铁路客运服务的指导思想、总体要求和工作质量，提出了具体要求，每一个铁路客运工作者必须高度重视，认真对待。

一、指导思想

铁路客运服务是在旅客的位移中，为最大限度地满足旅客的旅行需求，而提供安全、舒适、高效、便捷的劳务活动。铁路客运服务的宗旨是“人民铁路为人民”，理念是“以人为本，旅客至上”。铁路客运服务的质量目标是实现安全正点、方便快捷、设备良好、环境整洁、饮食卫生、文明服务。

铁路客运服务看似简单，但铁路客运服务的对象是人，与人打交道的工作就必然要考虑到服务对象的心理。人的差异化和不确定性，导致服务心理和被服务心理都具有复杂性，这也是服务评价的关键点，影响旅客做出满意或者不满意的意识判断。

应该正确看待旅客评价，认识到铁路客运服务与旅客预期确实存在差距，那么努力满足旅客不断增长的需求和期望，将会是铁路客运服务的奋斗目标和追求方向。

铁路客运服务首先应满足旅客的旅行需求，这就要求面对全体旅客、落实全程服务、开展全面服务。

(一)全体旅客

凡是按规定在铁路运输企业正规渠道购买了车票的旅客，不论是哪个国家，哪个民族；不论职业身份，职务高低；不论年龄大小，男女性别，都是旅行消费者，都是铁路客运服务的对象，应一视同仁，一样待客。

（二）全程服务

全程服务就是对旅客购票检票、进站乘车、到站出站以及与之相关联的全过程进行服务。这里要与铁路旅客运输合同的合同履行期间、旅客运送期间予以区别。根据《铁路旅客运输规程》，铁路旅客运输合同从售出车票时起成立，至按票面规定运输结束旅客出站时止，为合同履行完毕。旅客运输的运送期间是从检票进站起至到站出站时止计算，但铁路客运服务在旅客购票前就已经开始，铁路运输企业会适时宣传、介绍客运产品，旅客出站后，也会有遗失物品查找、投诉建议等需求，铁路客运服务需要继续延续，处理旅客诉求。

（三）全面服务

旅客乘坐不同的交通工具前往车站，车站与公共交通工具接驳处应设有清晰、明确的旅客进出车站走行流线指引，这就要求铁路运输企业与地方政府协调沟通共同考虑旅客需求，做好服务衔接。旅客在车站就需要了解车站的整体布局和车站各区域功能，听从车站工作人员的引导，共同维护乘车秩序。车站除设置旅客安全乘车、有序乘车的服务环节外，还提供旅客吃、喝、用、玩等活动项目，让旅客都能享受到人性化的服务。同时，旅客发生危及人身安全的紧急特殊情况都能得到积极的救助，如突发疾病、烫伤摔伤、分娩等。

二、总体要求

铁路客运服务应做到“全面服务，重点照顾”。重点旅客做到“四优先”，即优先购票、优先托运、优先候车、优先检票上车。根据需要为特殊重点旅客提供帮助，做到“三有”，即有服务、有交接、有通报。

按照国家有关规定，军人依法优先、消防救援人员优先。

铁路客运服务的总体要求是：尊重、主动、热情、周到、诚实、礼貌。

尊重，是一种人与人之间的心理反应。旅客至上，尊重为先，从旅客的角度看待和处理问题。

主动，是一种积极的心理活动，是一种有责任感的表现。主动服务是受到服务意识的驱使，主动去观察分析旅客需求，主动询问旅客是否需要帮助。当得到旅客肯定后，做好扶老携幼、安全引导、解答问询、解决困难等，适时向旅客介绍旅行常识，征求旅客服务意见。

热情，是一种较高的职业道德表现，是全心全意为旅客服务的思想情感的升华。表现在对本职工作的热爱，积极肯干；对旅客态度和蔼、友好，深切同情，大力帮助；不怠慢、不排斥、不挑剔旅客。

周到，一是面向全体旅客服务，不论职务高低，衣着打扮，容貌长相，一视同仁；二是对不同心理、不同职业、不同年龄的旅客的需求在服务内容、服务项目上想得细致一些，全面一点，尽量各方面都顾及到。

诚实，是做人的基本准则，也是职业道德的重要内容之一。诚实就是在工作中实事求是，不弄虚作假，真心实意做好服务，不口是心非，不损人利己，讲究信用。

礼貌，是人与人相处的一种道德行为，表示对人的一种尊重。要求仪容庄重，谈吐文明，态度和蔼、姿态动作文雅。

（一）尊重为先

服务的内涵，即尊重他人，理解他人。很多矛盾冲突往往是由于在双方交流沟通的过程中，缺乏彼此的尊重所造成的，例如，站务人员对于有意见的乘车旅客反唇相讥，把旅客的言行当谈资，以貌取人，造成旅客对服务态度的投诉等。因此，站务人员首先要学会尊重旅客，从旅客的角度看待和处理问题。

（二）热情待客

站务人员在工作中不仅不能怠慢、排斥、挑剔旅客，而且还应当积极、热情对待旅客，淡化彼此之间的戒备、抵触和对立的情绪，将旅客当自己家人看待。

(三)真诚服务

真:真实、的确。诚:实在的。真诚是社会赋予人做人的原则,是人类追求的共同目标。真诚是同事、朋友之间的交往得以持续下去的保证。真诚是一种美德,是一种境界,也是每个人应具备的交际品质。真诚不是智慧,但常常绽放出比智慧更诱人的光彩,有很多凭着智慧得不到的东西,凭借真诚却可轻而易举地得到。以真诚待人的动机是以自己的真诚换回别人的真诚,真诚的反面是虚假、虚伪。

真诚要求铁路客运服务人员做人做事要摆正自己的位置,要安分守己,守土有责。在铁路运输企业里,摆不正自己位置的情况十分普遍,特别是在为旅客服务时,常常有混淆服务与被服务关系的情况发生。真诚要求人们注重自身的品德修养,成为一个真诚的人。

(四)感恩服务

感恩是对他人所给的帮助、恩惠表示感谢、感激之情。感恩是一种好习惯。感恩,说明一个人对自己与他人和社会的关系有着正确的认识。报恩,则是一种责任感。没有民众间的感恩和报恩,很难想象一个社会能够正常发展下去,一个没有感恩情怀,不知道感恩、报恩的民族,是一个没有希望的民族。"感恩服务",即以一颗感恩的心去善待、呵护旅客,用心服务。要感谢旅客,是旅客的信赖和支持让铁路客运服务人员拥有为人民服务的机会,能够有能力和机会为他人服务是自我价值的体现。当铁路客运服务人员有能力给予时要给予,这样可以获得超出物质层面的回报,这足以让人生充满成就感。

三、质量要求

《铁路旅客运输服务质量规范》是铁路旅客服务最为重要的衡量指标。铁路运输企业对铁路客运服务质量的要求是:安全、准点、便利、舒适。

安全,铁路运输必须保证不发生职工伤亡事故和设备事故,同时保证旅客旅行过程中的生命、财产安全,将旅客安全的送达到目的地。

准点,铁路运输要求客车严格按照列车运行图正点发车,正点到达;保证旅客不误乘车、不漏乘车、不错到站。

便利,便于旅客购票、进出站、候车、上下车,在办理变更旅行路径时手续简便。

舒适,硬件设备设施功能良好,购票、候车、乘降、用餐环境干净卫生,餐食供应及时。

树立“以人为本,旅客至上”的服务理念,坚持“安全第一,方便快捷”的原则,实现“安全正点、设备良好、环境适宜、饮食卫生、服务文明”的质量目标。

(一)安　全

1. 安全设备设施齐全,作用良好;安全通道、出口畅通;安全标志规范、明显。

2. 安全管理制度健全,非正常情况下的应急处置预案完善。

3. 做好安全宣传和防范,加强综合治理,维护站内秩序,无随车叫卖、拣拾、讨要等人员;供工作人员使用的进出口有专人管理。

4. 对旅客携带品、小件寄存物品和承运的行包实施安全检查;对可疑携带品进行安全检查;对查没的危险品按规定处理。

5. 严格控制进站车辆,在站台上行驶的车辆限速 10 千米/时,无骑车穿越站台;各种装卸、搬运设备定位摆放,不堵塞通道,不影响旅客乘降和通行;行包、邮政拖挂车的辆数重车(含混编)不超过 4 辆,空车不超过 5 辆。

6. 安全使用电源,规范使用电器设备;配电室(箱)锁闭,不得堆放物品。

7. 掌握消防知识,对消防器材做到知位置、知性能、会使用。

8. 旅客突发疾病或发生人身伤害时,应积极采取措施,及时联系医疗机构救治。

(二)环境卫生

1. 加强环境保护宣传,使用备品、材料等符合国家环保规定。

2. 各服务处所空气质量符合国家及行业标准的规定;候车室、售票厅、行包房、站台、天桥、地道等处所保持清洁,无积水、积冰、积雪,股道无杂物,厕所干净、无异味。

3. 站容整洁,环境绿化;清扫工具隐藏存放。

4. 广告设置规范安全,与车站环境相协调,不影响站容和车站应有的服务功能;不在车站主站房正面设置固定商业广告。

5. 各服务处所设置适量垃圾箱(桶),定期消毒,保持清洁,垃圾桶内配有垃圾袋,可在站台、站前广场的垃圾箱(桶)上设烟灰盒;列车投放的垃圾及时清运;垃圾隐蔽存放,日产日清,储运密闭化。定期进行“消、杀、灭”,蚊、蝇、蟑螂等病媒昆虫指数及鼠密度符合国家规定。

四、铁路客运服务的误区

随着我国国民经济的飞速发展和综合国力的不断增强,高速铁路运输网络的实现蓬勃发展,铁路客运本身也得到了快速发展,同时也对铁路客运服务提出了更高的要求。目前铁路客运在服务质量提升上已经取得了可喜的成绩,但在有些认知上还存在的误区,需要不断的探索和改进。认真找准问题,有针对性地采取措施,改善服务至关重要。

(一)理念认识上的误区

1.“铁老大”的观念误区

众所周知,铁路旅客运输属于服务行业,其满足服务行业所有特性。但是,铁路运输企业内部还有一些老职工的内心并不认可这样的划归,骨子里存在对行业认识的误区。他们还在怀念计划经济体制下的铁路客运,那时的铁路客运工作者令人向往,一票难求的现象随处可见。这种对现实行业服务特质的不认可,致使其在为旅客服务时常常存在较大的心理落差,遇到问题时常常不是积极主动地去协调、沟通、解决,而是不满、抱怨甚至变作情绪发泄的出口。

2.“伺候人”的观念误区

铁路运输企业中一些年轻职工，尤其是刚走出校门的毕业生，对服务业的理解还比较肤浅，他们对工作有一种单纯而片面的理解，认为找一份薪水高、不加班、冬夏有空调，甚至最好一年有两次假期的工作比较体面。当他们参加铁路客运服务工作后，发现“理想”与现实存在差异，面对每天琐碎、重复的工作，甚至在与旅客沟通不顺畅，被辱骂、嘲笑的时候显得身份低微，因此，服务中就表现得缺乏耐心，有时得过且过，很难坚持发自内心地微笑服务。从另一个角度看，旅客认为铁路客运服务人员就应该周到耐心、态度温和、彬彬有礼。由于服务与被服务两方面观念不同，当遇到矛盾和问题时，铁路客运服务人员难以站在旅客的角度去解决和处理，而旅客也难以理解铁路客运服务人员的工作态度和处理方法，从而容易使服务工作陷入困境。

3.“打发人”的观念误区

个别铁路客运服务人员认为，旅客不会记得铁路客运服务人员，即便服务再好，旅客也不会感谢，和个人利益没有关联，多一事不如少一事。这些铁路客运服务人员并不是真正地发自内心的做服务，面对旅客就会持一种“打发人”的态度，只要旅客不投诉，工作就算是圆满。遇到一些特殊情况时也常常不负责地推脱责任、延迟处理，能够不给旅客帮助的就不给，能够少给一点的就少给一点，把旅客打发走就算了事。但往往事与愿违，不主动发现问题，不妥善及时处理，拖延到最后事态越来越无法掌控，越难处理。

(二)服务唯标准的误区

铁路运输企业长期坚持客运服务标准化、规范化，强调铁路客运服务人员素质、职业道德，以《铁路客运服务质量规范》规定不同站车、不同场所具体的服务标准，用服务标准来衡量、评价服务质量。毋庸置疑，详尽的服务标准有利于对单个服务行为进行精细化、量化管理，实现铁路运输企业对服务质量的整体把控。

然而，在现场作业过程中，铁路客运管理人员若以《铁路客运服务质量规范》作为客运服务唯一标准，客运服务人员不能结合现场实际、按照旅客需求去创新服务意识、完善服务功能、调整服务项点，会导致客运服务固化、僵化，制约了客运服务品质的进一步提升。从某种角度看，《铁路客运服务质量规范》只是客运服务的“及格线”，是“最低标准”，而让“旅客满意”，才是铁路客运服务追求的最终目标。如果将“规章未涉及”“领导没要求”作为服务人员“不作为”“不思进”的借口，拒绝旅客合理、合法、合情的需求，标准化、规范化就走入了误区，教条式的铁路客运服务难以让旅客拥有获得感和满足感。

（三）服务问责上的误区

1. 责任模糊的误区

在铁路运输企业的管理中，如果规章制度不完善，服务单位、服务岗位间权责不明确，责任主次不清晰，那么铁路客运服务人员就很难坚守原则，只会思考如何逃避责任，而不是思考如何做好服务。模糊不清的责任界限，不问青红皂白地问责，都会让铁路客运服务人员对企业失去信心、遗失归属感。导致其在服务过程中，要么态度强硬，让旅客绝对服从管理；要么唯唯诺诺，让个别旅客有恃无恐地违章违法。只有明确铁路客运服务人员责任，才能让铁路客运服务人员有理有节地规劝、阻止旅客的错误行为，通过清楚的责任划分，及时化解服务矛盾，才是问责的目的。

经过多次体制改革，铁路运输企业建立了分类齐全的行业管理体系，但随着新科技、新设备的投入，客运组织模式也随之调整升级，一些服务流程、细节仍需要进一步研究。这就要求铁路运输企业的管理制度必须权责明确、依法合规。

2. 责任承担的误区

在铁路旅客运输组织中，一些服务单位的管理人员为息事宁人，要求铁路客运服务人员做出牺牲、主动认错。但长此以往，要求铁路客运服务人员为不是自己责任的事情负责任，为不是自己过失的错误而承认错误，铁路客运服务人员会心生怨气，牢骚怪话，会动摇铁路运输企业在铁路客运服务人员心目中的权威性。当然，也有个别铁路客运服务人员，明明是自己的责任、错误，但不愿负责、认错，一味地遮掩、辩解，害怕被考核、被罚款。这两种心态都不正确，铁路运输企业应端正铁路管理人员、铁路客运服务人员对责任承担的认识，出现服务质量问题的时候，铁路客运服务人员应实事求是、勇于承担。

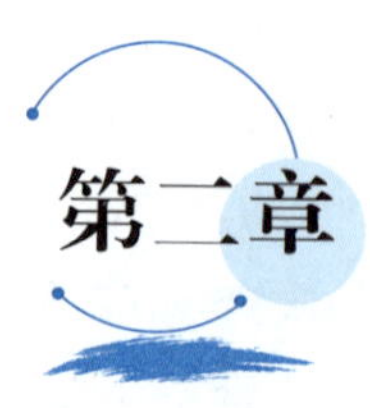

第二章

服务理念与职业素养

铁路客运服务人员职业素质是指从业者在一定生理和心理条件基础上，通过教育培训、职业实践等途径形成和发展起来的，在职业活动中起决定性作用的、内在的、相对稳定的基本品质。它强调职业性，表现为不同的职业对素质的要求不一样。树立新的服务理念，切实做好服务工作，提高服务质量，这是每个客运人员必须要考虑和做到的问题。

第一节　树立新的服务理念

铁路在改革开放和中国经济飞速发展的推动下，彻底放下了“铁老大”的架子，大踏步走向市场，采取提速、更新服务理念，提高服务质量参与交通市场竞争。全体铁路客运服务人员都应该树立新的服务理念。

服务理念，是指人们从事服务活动的主导思想意识和对服务活动的理性认识。服务理念是在一定的经济、文化环境的影响下，在实践中逐渐形成的。

一、旅客至上

铁路客运服务对象是旅客，为旅客服务是铁路旅客运输的中心工作。旅客为铁路运输企业创造经济效益，旅客是铁路运输企业的“命根子”，是“衣食父母”，必须把他们摆在“至上”的位置，即“旅客至上”，这个服务理念就是在人们生活水平的提高、文化水平的提高、市场竞争下逐渐形成的。

旅客出门旅行是一种有目的的心理活动，他们的情绪、愿望和需求随时都会表现出来，并带有个性心理特征。从服务与被服务的关系看，所谓的铁路客运服务心理，就是铁路客运服务人员为满足旅客旅行心理需求的服务心理。如果铁路客运服务人员不懂得人的心理表现特征，忽视对旅客旅行活动的心理分析，按照自己的想法，一味地发号施令，违背人的心理规律，独断专行，必然会降低服务工作的有效性，甚至导致工作失败，引起旅客强烈的不满。旅客来自四面八方，各种各样的人都会出现，心理活动也是多种多样的，有好奇的、有文雅的、有活跃的、有安静的、有享受的、有忧郁的、有焦躁的、有挑剔的等，旅行的目标也不相同，有探亲的、有旅游的、有访友的、有做生意的、有外出打工的等。

从某种意义上讲，车站是人群的集散地，任何事情都有可能发生。站务铁路客运服务人员同这些旅客打交道，没有良好的素质做支撑便难以应对旅客的各种不同心理活动需求，难以承受无理、误解、挑剔所造成的委屈和伤害。如果不懂得旅客旅行心理需求，就不会有切合实际的工作方式，从而积极、主动、热情地为旅客服务。所以，铁路客运服务人员必须以满足旅客需要作为做好服务工作的指向，提高自我修养，使自己的思想和行为符合工作需要和要求，面对各种复杂变化的情况，能够及时调整自己的心态和承受能力。沉着应对，这样才能提高服务的有效性，减少工作的盲目性，减少同旅客的矛盾。热情洋溢的迎宾语，提示旅客注意的关切语，调节车站气氛的幽默语，要求旅客配合时的敬请语，方显出铁路客运服务人员的智慧和素质。

“旅客至上”的理念是每个铁路客运服务人员必须树立的，并且要尽好义务和责任，其常用的服务用语“我能为您做些什么”“您需要我的帮助吗”“您随时可以得到”“请您稍等，我会尽快回复您”“我们会尽可能地满足您的要求”“期待您下次乘车”等用语，这些用语容易形成一种自然的、富有美感的行为，是将艺术与技巧融为一体的完美展示。

树立“旅客至上”的理念，做到主动服务、热情服务、周到服务。就算旅客有不对的地方，也要始终坚持谦卑的态度，礼貌地对待旅客，令旅客感到受尊重，做到得理也让人。

“旅客至上”四个字，内涵丰富，不单纯是一个理论概念，要实现这个理念的具体要求，是需要动脑子的，需要付出艰辛的劳动。例如，一名年迈体弱的旅客和两名家庭医生携带一支高 1 370 毫米的氧气罐计划从岳阳东站乘车至兰州西站。车站铁路客运服务人员劝阻其乘车，但由于旅客年纪偏大、身体状况不佳，若服务人员强行处置又容易造成旅客情绪激动、病情恶化。经过多次沟通协调，服务人员主动帮旅客联系购买制氧机，以此替换氧气罐，并做好站车交接，旅客最终顺利乘车到达目的地。旅客对铁路客运服务工作表示满意。这件事充分体现了客运人员遵循了“旅客至上”的服务理念，动脑子满足旅客的愿望，而不是用规章制度制止携带氧气罐。

二、用心服务

铁路客运车站每天要接待数以万计的旅客，特别是春运、节假日等特殊时期，旅客出行的人数更多，要想在繁杂劳累的工作中保持良好的服务，就必须从内心去感受或体会用心服务的重要性和必要性，养成用心服务的职业习惯，做到服务发自内心。用心服务还包括通过各种方式获知旅客的需求信号，主动发现服务机会，并提供及时、恰当、满意的服务，以满足旅客的高期望值。

(一)首因效应

首因效应由美国心理学家洛钦斯首先提出，也可称为首次效应、优先效应或第一印象效应，是指交往双方形成的第一次印象对今后交往关系的影响，也即是“先入为主”带来的效果。虽然，这些第一印象并不总是正确的，但却是最鲜明、最牢固的，并且决定着以后双方交往的过程。如果一个人在初次见面时给人留下良好印象，那么人们就愿意和他接近，彼此也能较快地取得相互了解，并会影响人们对他以后一系列的行为和表现的解释。反之，对于一个初次见面就引起对方反感的人，即使由于各种原因难以避免与之接触，人们也会对其冷淡，在极端的情况下，甚至会在心理上和实际行为中与之产生对抗状态。

旅客出门旅行总是希望得到体贴入微的接待和服务，这也是人之常情。铁路客运服务质量不仅取决于铁路客运服务人员业务技术能力的高低，也和铁路客运服务人员精神面貌的好坏分不开，其中铁路客运服务人员的仪容仪表，就是一个人的精神面貌和外观形象的体现，是给旅客“先入为主”的第一印象和直观的评价。

铁路客运服务人员要特别注意自己的初次登场的形象，尽量给旅客营造、留下良好的第一印象，即让首因效应发挥到最大。

1. 首因效应的特征

(1)瞬时性。第一印象的好坏往往是在一刹那形成的，只要两三分钟就够了，尤其是前三秒。而对铁路客运服务人员而言，就要求在旅客可视范围内时时保持铁路客运服务形象。

(2)非理性。对一个人印象好坏，往往不能理性判断，可能和个人过往经历有关，有的人愿意接近、有的人本能排斥，这种感知因人而异，这种感觉就是非理性。

(3)不逆性。印象一旦形成，往往不容易改变。已经形成不好的印象，即便之后做了再多努力，也难以改变、逆转。已经认定不接受的事物，就会形成偏见。

2. 首因效应的形成

(1)仪容。一个人仪容整洁，神采奕奕，相貌端正，往往便会给人以好感。反之，便难以为他人所欣赏和接受。

(2)仪态。仪态包括人们的举止与表情，它犹如人们的一种“身体语言”，在许多情况下，人们的“身体语言”所传递的信息，较之于口头语言与书面语言，通常会更为真实、更为准确。

（3）服饰。在现实生活里，一个人的服饰，不仅仅是其遮羞、御寒、防暑之物，更重要的是，它还是一个人的个人修养、生活阅历和审美品位的体现。

（4）语言。在人际交往中，语言是一种最重要的交际工具。语言，除了可以传递信息之外，亦可向交往对象表现出自己的态度。对一个铁路客运服务人员来讲，重要的不是会不会说话，而是如何才能把话说好。

（二）末因效应

末因效应是相对于首因效应而言的，强调服务结尾的完美和完善，即要“功德圆满”。末因效应是指在人际交往之中，人们所留给交往对象的最后的印象，通常也是非常重要的。在许多情况下，它往往是一个单位或一个人所留给交往对象的印象的重要组成部分，甚至可能直接决定该单位或个人的整体形象是否完美，以及完美的整体形象能否继续得以维持。末因效应理论的核心思想是要求人们在塑造单位或个人的整体形象时，必须有始有终，始终如一。

铁路运输企业有意识地塑造、维护良好的整体形象，就需要重视末因效应。即便旅客已经出了站，即便是由于旅客自身原因造成的问题，仍应做好后续服务。旅客有查找遗失物品、处理后续车票的需求，以及旅客急病需要就医诊治时，铁路部门都应予以配合、协助。如果盲目拒绝旅客合情合理的需求，铁路客运服务工作就有可能前功尽弃，徒劳无益。所以，把握最后的关键环节，做好服务收尾工作，才能在旅客心里留下一个尽可能完美的印象。

（三）零度干扰

零度干扰理念的基本主张是：铁路客运服务人员在为服务对象提供具体服务的过程之中，必须主动采取一切行之有效的措施，将对方所受到的一切有形或无形的干扰，力争减少到最低，也就是要力争达到干扰为零的程度。零度干扰理论的主旨是:要求铁路客运服务人员在服务过程之中,为服务对象创造一个宽松、舒畅、安全、自由、随意的环境。实践已经证明:一个社会的文明程度越高,其社会成员对于服务领域内的干扰现象越是难以容忍。一位服务对象的文化程度越高,在其享受服务的整个过程之中便越是不希望受到任何形式的干扰。

总体而言,零度干扰理论的核心,就是要使服务对象在服务过程中所受到的干扰越少越好。铁路客运服务人员要切实落实好这个主要意图,就应当特别注意以下两个方面:

1. 创造无干扰环境

铁路客运服务应注意保持站车环境卫生,注意控制站车广播音量和减少扩音喇叭制造的噪声。

2. 保持适度的距离

心理学实验证明:人际距离过大,容易使人产生疏远之感。人际距离过小,则又会使人感到压抑、不适或是被冒犯。

因此,铁路客运服务人员应做到,有需求有服务、无需求无干扰。

(四)服务艺术

1. 接受服务对象

铁路客运服务人员应欣然接受服务对象的到来,坦然面对服务对象提出的各种合理需求。积极、热情、主动的服务,可以舒缓对方戒备、抵触、对立和不信任的情绪。恰到好处地向旅客表示亲近、友好之意,有助于旅客快速适应服务环境,让旅客乐于听从铁路客运服务人员的指引,遵守铁路运输企业的规则。切忌怠慢、冷落、排斥、挑剔、为难旅客。

2. 重视服务对象

铁路客运服务人员对于服务对象表示尊重之意的具体表现为以下几个方面:

(1)善用尊称。对旅客表示尊重,最基本的方式就是对其使用尊称。铁路客运服务人员在为旅客提供服务前,用尊称确定服务的对象,构建服务场景。特别要指出的是，铁路客运服务人员在对旅客使用尊称时，必须先对旅客角色进行准确定位，尊称应考虑性别、年龄、文化程度、当地风俗习惯等，要求使用尊称符合旅客身份，旅客从心里接受，能感受到铁路客运服务人员的尊敬之意。否则，即使铁路客运服务人员采用了尊称，旅客听着别扭，甚至误解成是一种侮辱、一种蔑视，不会真正高兴。

(2)倾听需求。当服务对象提出某些具体要求时，铁路客运服务人员最得体的做法是认真倾听，满足旅客质疑、诉求，甚至是情绪发泄的需求。从某种意义上讲，铁路客运服务人员耐心倾听的过程也是服务过程，耐心倾听就会使对方在一定程度上感到满足。旅客在阐述见解、提出建议，以及对铁路客运服务做出好、坏评价时，铁路客运服务人员要坦然面对，认真、专注地听取、理解旅客想表达的真实含义，这对于旅客而言就是最好的重视。

3. 赞美服务对象

没有人不喜欢听赞美的话，对他人发自内心的赞美，既能使对方感到愉快，自己也会感到心境开朗。但不着边际的称赞、浮夸的言辞，其结果只会适得其反。因此，铁路客运服务人员在向服务对象提供具体服务的过程中，要善于发现对方的优点和长处，并且及时地、恰如其分地对其表示欣赏、肯定、赞美与钦佩。这种赞美服务对象的做法，可以争取对方的合作，使铁路客运服务人员与服务对象彼此双方在整个服务过程中和睦而友善地相处。铁路运输企业应提高铁路客运服务人员的语言艺术，经常使用“软垫式”言辞、“拜托式”语气，让旅客拥有一定主动权，更有益于旅客配合铁路运输企业维护旅客运输秩序。

第二节　培养良好的职业素养

铁路客运服务是铁路旅客运输的核心和本质，具有综合性强、服务性强、关联度大、开放度高等特征。铁路客运服务人员的知识、技能、道德是支撑一种职业的内在力量。职业知识、职业技能、职业道德是职业素质的重要构成。其中职业知识是基础，职业技能是根本，职业道德是灵魂，它们紧密联系，相辅相成。一名合格的铁路客运服务人员应该在职业知识，职业技能、职业道德方面都要过硬，熟练掌握职业技能，具备优秀的服务能力。

一、职业道德

职业道德是铁路客运服务人员职业素质的灵魂。职业道德是人们在履行本职工作中所遵循的道德准则和行为规范的总和，它既是对本职人员在职业活动中行为的要求和行为规范，同时又是职业对社会所负的道德责任与义务。每个从业人员，不论从事哪种职业，在职业活动中都要遵守道德。

职业道德是人们在职业生活中应遵循的基本道德，即一般社会道德在职业生活中的具体体现，是职业纪律、专业胜任能力及职业责任等的总称，是同人们职业活动紧密联系的符合职业特点所要求的道德准则、道德情操与道德品质。职业道德属于自律范围，它通过公约、守则等对职业生活中的某些方面加以规范。职业道德具有广泛的范畴体系，其主要体现在职业理想、职业责任、职业技能、职业纪律、职业良心和职业荣誉感等方面。职业道德指的是从业者对美好目标的向往与追求。

在确定职业理想的过程中，要处理好两种关系：在工作选择问题上，要处理好个人兴趣、特长与社会需要的关系；在实际工作中，要处理好个人发展与社会奉献的关系。职业责任指的是个人对社会、对他人在本职业范围内应承担的任务。职业技能指的是从事本职工作所必须具备的素质，包括实际操作能力、业务处理能力和技术驾驭能力等多方面的内容。职业纪律是强制性和自觉性的统一，因而也具有重要的道德意义。职业良心是职业责任和职业义务在人们心灵深处沉积、转化的结果，是一种自觉自愿地履行职业责任的自律精神。职业荣誉感是与职业责任、职业良心紧密相关的概念，是对该职业人员的道德行为所做出的肯定性的客观价值和主观价值判断。

铁路客运服务人员的职业道德是在服务旅客的过程中，处理与旅客关系以及个人与单位、国家之间的关系时所应遵守的职业行为准则。首先，铁路客运服务人员要树立“服务、敬业”的职业理念，才能在多种服务项目中理性地站在责任、道德的认识高度承受强大的劳动强度。其次，铁路客运服务人员要培养“忠诚、乐观”的职业态度。铁路客运服务人员应做到以下几点：

1. 热爱祖国、热爱铁路事业、热爱本职工作。

2. 遵守国家法律、法规和铁路行业管理规章制度，自觉维护旅客和企业合法权益。

3. 尊重旅客的民族习俗和宗教信仰，对不同种族、国家、民族的旅客一视同仁。

4. 有高度的工作责任心，诚实守信，敬业爱岗，忠于职守。工作认真负责，具有高度的责任感和良好的团队精神。

5. 爱护站车设备设施，不占有、浪费服务备品和供应品，廉洁自律，公私分明。着装整洁，符合规定，文明生产。严格执行工作程序、工作规范、工作标准和安全操作规程。钻研技术，努力提高综合素质和管理水平。

6. 尊老爱幼，谦虚谨慎，真诚热情。

铁路客运服务从业人员只有选择积极、乐观、忠诚的情感、态度，才能从容应对职业活动中的各种问题化解各种矛盾。传达到言行上就是态度和蔼、用语文明、礼貌待客、服务周到，体现在职业形象中则为热情、好客、微笑、阳光。最后，铁路客运服务人员要遵循“严谨、自律”的职业操守。职业操守是人们在职业活动中所遵守的行为规范的总和。

勤恳敬业：做到工作勤奋，业务熟练；
廉洁奉公：做到公道正派，不徇私情；
顾全大局：做到团结协作，密切配合；
遵章守纪：做到服从命令，执行标准；
优质服务：做到主动热情，细心周到；
礼貌待客：做到行为端庄，举止文明；
爱护行包：做到文明装卸，认真负责。

二、职业风貌

铁路客运服务人员的仪容仪态、言谈举止，体现出的思想品德、职业道德、工作态度、服务精神、个人修养等反映了铁路运输企业的经营理念和管理水平。

（一）亲和的微笑

微笑是人际交往中最富有吸引力的面部表情，也是能够瞬间向他人展示友好热情的神态。铁路客运服务人员的微笑可以从情感上拉近与旅客的距离。笑容展现的友好亲切，真诚热情，也可以给旅客留下良好的第一印象。

（二）舒心的问候

问候是人与人见面最初的直接接触，问候得当可以迅速表现出自己的诚意与热情，可以巩固微笑留给旅客美好的第一印象。铁路客运服务人员见到旅客时，应主动问好招呼，这样也可以在接下来的谈话交流与服务中掌握主动。

（三）洁雅的仪表

仪表是一个人风度的体现，邋遢随意的外表是人际交往的大忌。铁路客运服务人员洁雅的仪表来自整洁的制服着装、恰当的面容修饰和端庄的举止，这是展示职业素养和树立专业形象的必需，也是获得旅客信赖的基础。

（四）规范的仪态

铁路客运服务人员的仪态训练是礼仪素质养成的一个重要方面，强调仪态举止的规范，例如鞠躬的幅度，手势的开合，不仅是要展示专业化的训练有素，更重要的是包含了敬人的礼仪内涵和服务理念。

（五）得体的语言

语言是铁路客运服务的重要工具，得体的语言会让旅客倍感舒适，不礼貌的语言则会激发矛盾。铁路客运服务人员与旅客交流要使用规范的礼貌用语，同时要掌握表达的技巧，特别是处理违章时，更要注意语言的适度得当。

（六）诚恳的态度

旅客对站务服务质量的评价往往是非常主观的，当基本的服务需求得以满足之后，对其他方面服务水平的感知则因人而异，因此，铁路客运服务人员需要用积极、正面、温和的态度影响旅客的评价。

听从指挥，团结协作，工作认真，作风严谨。
精神饱满，仪容整清，行为端庄，举止文明。
服务主动，细致周到，表情亲切，言语和蔼。
遵章守纪，落实标准，严于律己，勇于担当。

三、职业素质

当好铁路客运服务人员，思想素质是首要条件，业务技术素质是当好铁路客运服务人员的必备条件，文化素质是当好铁路客运服务人员的起码要求，同时职业素质也是其他素质形成、发展的基础，心理素质是当好铁路客运服务人员的关键因素，身体素质是做好服务工作的基本保证。

（一）思想素质

思想素质主要是客运人员的思想意识、思想方法和思想修养，这是做好铁路客运服务工作的首要条件。具体表现在以下几点：

1. 有事业心、责任感，服务意识强。

2. 有锐意进取的精神，坚持原则，敢于负责，办事公道。

3. 先人后己，克己奉公，待人热情坦诚。

4. 遵章守纪，热爱集体，抵御错误思想，识别美丑荣辱，自觉地维护铁路运输企业、管理单位、客运班组的利益和声誉。

（二）心理素质

心理素质主要指心理过程和个性心理，如情感情绪、兴趣爱好、气质性格以及信念、意志、自尊、宽容心等方面的成熟程度和健康程度，这是搞好服务工作，做好铁路客运服务的关键。铁路客运服务人员的个性心理特征、生活条件、工作环境和工作实践，与旅客交往活动所形成的心理品质、情感品质、意志品质、性格品质和个人修养是铁路客运服务心理的基础。具体表现在以下几点：

1. 尊重旅客，用心服务，正确看待服务评价。

2. 尊重上级，主动汇报，愿意接受监督指导。

3. 善于自我管理、自我调控行为、抑制负面影响。

（三）文化素质

文化素质主要是指客运人员的文化知识水平，这是其他素质形成、发展的基础。职业知识是铁路客运服务从业人员的职业基础。作为专业化的铁路客运服务从业人员，应具有扎实的文化基础知识，即通过规范化的教育和积累获得的在社会科学、自然科学、哲学等方面的较系统的普及性知识，它是文化素质中的基础。一般情况下，铁路客运服务从业人员知识面越宽越好。

礼节礼貌既是个人修养和内心情感世界的外露，也是优质服务的重要内涵。在铁路客运接待中，要使用敬语，提倡微笑服务，懂得接待中介绍、问候、握手或其他礼节的顺序及有关知识，要懂得不同国家、不同地区在接待习俗上的差异，还要讲究与旅客交谈的语言艺术及表情、体态等。除了本岗位的服务常识、技能、技巧和礼节礼貌常识外，从业人员还应懂得一些发生意外情况时能发挥作用的知识，如风景名胜知识、交通知识、邮电知识、货币和保险知识、卫生和救护常识、节气和天气常识等。专业化的铁路客运服务从业人员当然应具有过硬的专业知识，专业知识在知识素质中处于高端，是服务从业人员个体迈向职业生涯顶端的必备条件。

(四)专业技术素质

专业技术素质主要是指铁路客运服务人员做好服务工作必须具备的专业知识和技能，这是当好铁路客运服务人员的必要条件。其具体要求是持证上岗、熟知本岗位业务知识和职责、熟知车站的设备操作规程、掌握售票技能、掌握铁路客运服务心理和技能。

(五)身体素质

身体素质主要是指铁路客运服务人员应有良好的体魄。旅客服务工作繁重，经常休息不好，吃不好，夜间还要值班，没有充沛的精力，要做好优质服务工作是极为困难的。因此，一个好的身体是干好工作的基本保证。

四、职业技能

职业技能是铁路客运服务人员职业素质的核心。铁路客运服务人员在服务活动的全过程中，为完成各项服务工作任务必须具备相应的技能，它是指从业人员从事服务工作的一系列体力活动方式及智力活动方式的总称。

从抽象概括的角度，铁路客运服务人员的职业技能分为一般技能、专业技能、特殊技能三个层级。一般技能是从业人员在服务活动中满足旅客的一般需求；专业技能是从事各项服务工作应具备的诸如沟通、接待、急救等方面的技能，它们是开展铁路客运服务工作的最低要求，是从业人员入门的基本条件；特殊技能是指满足铁路客运服务所需要的设备、应变等方面的技能。在这三个技能层级中，一般技能是基础，专业技能是主体，特殊技能是实力支撑。

铁路旅客运输工作与其他交通运输不同，车站人员川流不息，列车昼夜运行，车站是大量人群聚集的地方，与人打交道，各种各样的事情都会发生，且复杂多变，加上突发事件时有发生，铁路客运服务人员的工作难度相当大，每一天接待众多旅客发生的事情都不一样，需要智慧和勇气来应对。因此铁路运输企业对铁路客运服务人员岗位的工作能力除要求有熟练的业务技术能力外，还有如下几个方面的特别要求：

(一)观 察 力

观察能力是指善于全面、深入、正确地发现事物各种典型特征的能力，即对事物能够进行综合分析的能力。

良好的观察能力是铁路客运服务人员的基本技能，是搞好优质服务的前提。在铁路客运服务中，注意观察细小的事情，从中发现新情况、新问题，改进服务方式，或从细微的征兆中发现问题的本质，有效地防止各种事故的发生，保证旅客运输安全。

(二)判 断 力

铁路客运服务工作经常会出现意想不到的新情况、新问题，特别是对突发事件的判断能够及时、准确，才能预防或制止各种事故的发生，保证旅客运输安全。

(三)记 忆 力

记忆力是人脑储存和重现过去知识、经验的能力。对于记忆，每个人有各自的特点，如有人视觉记忆方面强，有人听觉记忆方面强，有人通过动作来增强记忆，有人在视觉、听觉、动作方面的记忆都好。记忆是智力活动和能力提高的基础。铁路客运服务人员对铁路的规章制度、技术业务、实际操作、售票、检票等方面的知识必须记得牢，并能灵活运用，才能对旅客的询问对答如流。所以，铁路客运服务人员要从视觉、听觉、动作 3 个方面加强记忆力的培养，提高自己的工作能力和工作效率。

(四)理 解 力

“理解”简单地说，就是对某事物运用已有的知识、经验去认识其各种关系、本质、规律的思维活动，只有理解了才能掌握运用。铁路客运服务人员的理解能力有两个方面：

1. 表现在对铁路规章制度、操作技能知识的理解，理解透彻才能掌握运用。

2. 表现在尊重旅客，对旅客的心理需求多一分理解，才能有耐心、热心去为旅客服务。所以客运人员的理解能力有别于其他工种，是铁路客运服务人员必备的能力之一。

(五)表 达 力

旅客运输的一切活动，离不开语言、文字表达。而语言、文字又是人们交流感情、表达思想、传递信息、相互沟通的工具，直接体现着一个人的学问、个性和生活经验。铁路客运服务人员同旅客进行语言交流，直接反映服务态度和服务水平，因此需要较强的口语表达能力，而口才又是人类生活中应用最普遍而最难能可贵的技能。

口才好的人，在回答旅客提问，进行宣传鼓动时，能够做到语言贴切、和谐、简洁、明确，能使许多原先不相识的人关系融洽，能使许多本来彼此不产生兴趣的人互相了解，能替人排解纠纷，消除人与人之间的误会，能安慰愁苦烦闷的人，鼓励悲观厌世的人，树立起生活的信心。

形象生动、诚挚中肯、表情自然的表达能力富有感染力，受人欢迎，能够赢得旅客的赞誉。因此要求铁路客运服务人员必须努力提高语言、文字表达能力。

随着我们国家在世界地位的不断提高，外国游客不断增多，因此铁路客运服务人员还要学会一些铁路客运服务外语，这样具备交流沟通的语言能力，才能做好外宾服务工作，让他们高兴而来，满意而归，同时增进友谊。

(六)人际交往能力

人际交往能力，是指一个人在社会活动中与他人沟通思想、联络感情、增进友谊而建立一种社会关系的能力。人际交往能力在人的一生中占有很重要的位置。一个人能力再强，水平再高，如果不善于协调、处理方方面面的关系，工作就不可能做好，也达不到预期的目标，事业难以获得成功。

车站每天有各种各样的旅客，他们的性格、爱好、兴趣各不相同，旅行需求不同，铁路客运服务人员同他们处理好关系是十分重要的，因为这关系到对工作的评价，直接反映服务质量。如果与旅客发生争吵，不仅反映一个人的工作能力不强，而且影响个人形象，也影响铁路的声誉。

如果与班组成员的关系处理不好，不团结，心情不愉快，则工作无法开展，如果与上级的关系处理不好，不能取得上级信任，同样无法搞好工作；如果与其他部门的关系不好，往往使自己孤立无援。由此可见，人际交往能力是生活和工作极为重要的必备能力。

五、服务态度

在铁路客运服务工作中，处理与旅客的关系，将反映一个人的这样或那样的态度。例如，有人热爱客运工作，有人认为客运工作没有出息，工作没干劲，马马虎虎。有人对待旅客热情、和蔼，有人对待旅客冷漠、粗鲁。由于每个人的经历和所受到的教育不同，所形成的个人气质、性格、能力以及需要、动机、兴趣等心理活动也不同，所以对待人、事、物、观念的态度是不一样的。

(一)服务与态度

服务与态度是两个不同的概念。服务是通过提供劳务活动，如供应开水、清扫垃圾、出售车票、验票等事情以满足旅客需要而做的事情。态度则是对人、对事的内在反应倾向，是喜欢或讨厌，是赞成或反对，是热情或冷淡等。

态度是个人对他人、对事物、对观念的比较持久的肯定或否定的内在反应倾向。态度指向的对象极其广泛，包括对他人、对集体、对物体、对事件、对制度以及代表具体事物的观念等。如表现出赞成或反对，喜欢或厌恶，接近或疏远，肯定或否定等，这些就是态度的具体表现。态度影响一个人的行为，表明一个人的生活方式和对事物、对他人及各种活动的选择。

服务与态度的关系是相辅相成的，其中一样没有做好，同样不会产生好的效果。服务工作做得再多，也弥补不了由于态度低劣所造成的不好影响，而良好的、真诚的、热情的态度却可以弥补服务工作的失误或不足。服务与态度既反映一个人的思想修养，又反映一个人的工作水平。

可见，服务态度是提高服务质量的重要技能。

（二）态度的表达方式及主要成分

态度的表达方式有两种：一是语言表达，二是面部表情和身体姿态动作。例如，给旅客供应开水时，面无表情，不说一句话，哪怕你送上三五次，旅客仍然认为你不热情，这样便得不到旅客的理解和欢迎。所以铁路客运服务人员要做好服务工作，必须有热情的语言，微笑的表情，实在的服务，方能得到旅客的理解和欢迎。

心理学家认为态度有三种主要成分，主要包括：认知成分、情感成分和行为倾向（意向）成分。

1. 认知成分

认知成分，是指一个人对人、对事的认识、理解和评价，是“态度”形成的基础。如铁路客运服务人员能认识到服务质量关系企业、个人利益，关系消费者权益问题，那么，他就会注意讲究服务技巧和态度。

2. 情感成分

情感成分，是一个人对“态度”对象在认识、理解和评价过程中所产生的喜欢或厌恶、尊敬或蔑视、同情或冷淡的内心体验。情感成分是态度的核心。情感是有方向性的，既有积极情感，如尊重、喜欢、同情、关怀、热爱等，又有消极情感，如蔑视、冷淡、害怕、反感、仇恨等。

3. 行为倾向（意向）成分

行为倾向（意向）成分，是一个人对“态度”对象的反应倾向，准备对态度对象做出某种行为反应的意向。例如，对安全工作一丝不苟，是表明一种行为倾向，而不是行为本身，是做出这种行为前的思想倾向或意向。

上述态度的三种成分是紧密相连的，构成态度的整体。往往是先有认知，而后产生情感，情感决定行为的意向。情感对态度的形成和改变起主要作用，又往往是态度最真实的表现。对待铁路客运服务工作的态度，反映两个方面：一是对本职工作的态度，认真负责，不马虎；二是对旅客的态度，就是服务态度，要求谦虚恭谨，热情诚恳，和蔼可亲，细心周到，无微不至。

第三节 旅客运输服务质量监督监察

一、一般规定

1. 铁路旅客运输服务质量实行分级监督监察制

国铁集团客运职能部门负责全路旅客运输服务质量监督监察；铁路局集团公司客运职能部门负责本铁路局集团公司和进入本铁路局集团公司管辖内外单位担当的旅客列车的旅客运输服务质量监督监察。下级客运职能部门接受上级客运职能部门监督检查和指导。

2. 对铁路旅客运输服务质量实行持证监督监察

证件为“中国国家铁路集团有限公司客运监察证”，由国铁集团公司统一印制，填发时加盖“中国国家铁路集团有限公司”钢印和“中国国家铁路集团有限公司证件专用章”。

3. 客运监察证的有效期

客运监察证有效期为两年，原则上不跨年度填发，本年度客运监察证的有效期可延期使用至次年 1 月 15 日。填写客运监察证使用区间的自至站名，必须与填写的铁路乘车证区间自至站名相一致。客运监察证的编号由国铁集团统一编制。

4. 客运监察执行公务

在执行公务时，客运监察原则上不得少于两名，须出示客运监察证，客运监察必须做到廉洁自律、秉公执法、办事公正。对滥用职权者，被检查单位或个人有权向上级举报，受理部门要认真调查处理。

二、客运监察的职责

1. 监督监察旅客运输工作中执行国家政策、法规的情况。

2. 监督监察旅客运输部门、单位、个人执行规章制度、文电、命令、办法、标准等情况。

3. 重点监督监察以下几个方面的铁路客运服务质量：

(1)车站售票，旅客候车，检票，旅客进出站、上下车和行包托运、交付等服务的质量。

(2)旅客列车验票、旅客乘降、行包运输、列车服务的质量。

(3)站车环境卫生、饮食供应、治安秩序、广播宣传的情况。

(4)客运职工职业道德、职业纪律、文明服务、礼仪规范、作业标准等情况。

4. 铁路客运服务设备、设施、备品质量和运用情况。

5. 对与国家铁路办理直通运输业务的其他铁路旅客运输企业进行服务质量监督、指导。

6. 受理、查处旅客、货主对铁路旅客运输服务质量的投诉。

7. 负责查处上级和新闻媒体及有关部门提出的铁路旅客运输服务质量问题。

三、客运监察的权利

1. 听取被检查单位负责人和有关人员的情况介绍，参加或组织召开与铁路客运服务质量有关的会议。

2. 查阅各级客运职能部门，站、段及相关部门的有关文件、档案、案卷、记录、票据等资料。

3. 对违纪和影响旅客运输服务质量的单位、个人，给予通报批评，责令限期改进，予以经济处罚及建议给予行政处分。

4. 对工作质量优良的单位和个人，给予通报表扬或建议嘉奖。

5. 上级客运职能部门可调用下级客运监察对本级管辖范围内的旅客运输服务质量进行监督监察。

6. 各单位要为客运职能部门和客运监察提供必要的办公条件和设备。

四、服务质量问题

服务质量问题分为服务质量不良反映、服务质量一般问题、服务质量严重问题、服务质量重大问题。

(一)服务质量不良反映

未构成服务质量一般问题的不良反映,为服务质量不良反映。

(二)服务质量一般问题

1. 旅客、货主投诉或新闻媒体曝光,在社会上造成不良影响的。

2. 站车设备、设施、备品未达到规定标准,影响服务质量或旅客、货主提出批评意见的。

3. 站车各项工作标准、基础管理未达到规定要求影响服务质量的。

4. 未按国家或国铁集团有关规定对运价、杂费、商品实行明码标价的。

5. 站车存在安全隐患,但尚未发生旅客、货主伤害和责任事故的。

6. 站车治安秩序差,但尚未发生旅客、货主伤害事故的。

7. 站车环境卫生、饮食卫生差,但尚未发生旅客伤害事故的。

8. 站车工作人员在工作中与旅客、货主发生争执造成不良影响的。

9. 责任造成旅客10人以下漏乘、误乘、误降、坐过站的。

10. 责任造成旅客列车晚点的。

11. 责任造成旅客、货主财产损坏、丢失、被盗价值在500元以下的。

(三)服务质量严重问题

1. 旅客、货主投诉或新闻媒体曝光,在社会上造成较坏不良影响的。

2. 责任造成旅客、货主轻伤的。

3. 站车设备、设施、备品故障、缺损,严重影响服务质量,旅客、货主反映强烈或给旅客、货主造成人身伤害或带来经济损失的。

4. 利用职权运输无票人员、货物，勒卡、索要旅客、货主钱物，价值在200元以下的。

5. 责任发生食物中毒事故未造成人员死亡的。

6. 站车工作人员在工作中刁难、打骂旅客、货主造成较大影响的。

7. 责任造成旅客10人及以上漏乘、误乘、误降、坐过站的。

8. 责任造成旅客、货主财产损坏、丢失、被盗价值在500元及以上不足1 000元的。

9. 违反国家和铁路有关收费标准、规定，乱收费、乱加价造成较大不良影响的。

（四）服务质量重大问题

1. 旅客、货主投诉或新闻媒体曝光，在社会上造成严重不良影响的。

2. 责任造成旅客、货主重伤及以上伤害的。

3. 利用职权运输无票人员、货物，勒卡、索要旅客、货主钱物，价值在200元及以上的。

4. 责任发生食物中毒事故造成人员死亡的。

5. 站车工作人员在工作中殴打旅客、货主造成严重影响或轻伤及以上伤害的。

6. 责任造成旅客、货主财产损坏、丢失、被盗价值在1 000元及以上的。

7. 违反国家和铁路有关收费标准、规定，乱收费、乱加价造成严重不良影响的。

（五）服务质量问题处罚

1. 对服务质量问题的处罚，坚持实事求是、惩前毖后、治病救人的原则。

2. 处罚种类分为通报批评、罚款和行政处分。

（1）通报批评。对发生服务质以问题的单位和个人予以通报批评。

（2）罚款。发生“服务质量严重问题”之一的，能够确定款额的对责任者处以发生款额的 1～2 倍罚款，责任单位处以 2～4 倍罚款；不能确定款额的对责任者处以 1 000～2 000 元罚款，责任单位处以 4 000～10 000 元罚款。发生“服务质量重大问题”之一的，能够确定款额的对责任者处以发生款额的 1～2 倍罚款，责任单位处以 2～4 倍罚款；不能确定款额的对责任者处以 2 000～4 000 元罚款，对责任单位处以 8 000～20 000 元罚款。两名以上责任者可累计处罚。

(3)行政处分。行政处分分为警告、记过、记大过、降级、撤职、留用察看和开除。发生“服务质量严重问题”的，根据情节轻重对责任者可给予警告至撤职处分；发生“服务质量重大问题”的，根据情节轻重对责任者可给予记过至开除处分。对发生服务质量问题的责任单位要追究领导责任。

3. 对发生“服务质量严重问题”“服务质量重大问题”，涉及无票运输人员、货物的，对责任单位和责任者的经济处罚、行政处分按《关于违反铁路运输收入纪律的处罚规定》的规定执行。

4. 对发生“服务质量严重问题”“服务质量重大问题”，涉及乱收费、乱加价、敲诈勒索、以票谋私的，对责任单位和责任者的经济处罚、行政处分按相关规定执行。

5. 对发生“服务质量严重问题”及以上问题的责任者给予行政处分的同时，可给予一次性罚款。

6. 对隐瞒事实、出具伪证、包庇纵容、阻挠妨碍客运监察执行公务或对举报、执行公务人员进行打击报复的，一经查实从严处理。

7. 对涉嫌触犯刑律的，移交司法机关依法处理。

第四节　相关法律知识

一、《中华人民共和国民法典》有关知识

《中华人民共和国民法典》(以下简称《民法典》)是民事权利的宣言书

和保障书，如果说宪法重在限制公权力，那么《民法典》就重在保护私权利，几乎所有的民事活动大到合同签订、公司设立，小到缴纳物业费、离婚，都能在《民法典》中找到依据。2020 年 5 月 28 日，十三届全国人大三次会议表决通过了《民法典》。自 2021 年 1 月 1 日起施行。

（一）一般规定

1. 合同是民事主体之间设立、变更、终止民事法律关系的协议。婚姻、收养、监护等有关身份关系的协议，适用有关该身份关系的法律规定；没有规定的，可以根据其性质参照适用本编规定。

2. 依法成立的合同，受法律保护。依法成立的合同，仅对当事人具有法律约束力，但是法律另有规定的除外。

3. 合同的订立。当事人订立合同，可以采用书面形式、口头形式或者其他形式。书面形式是合同书、信件、电报、电传、传真等可以有形地表现所载内容的形式。以电子数据交换、电子邮件等方式能够有形地表现所载内容，并可以随时调取查用的数据电文，视为书面形式。

（二）违约责任

1. 当事人一方不履行合同义务或者履行合同义务不符合约定的，应当承担继续履行、采取补救措施或者赔偿损失等违约责任。

2. 当事人一方明确表示或者以自己的行为表明不履行合同义务的，对方可以在履行期限届满前请求其承担违约责任。

3. 当事人一方不履行合同义务或者履行合同义务不符合约定的，在履行义务或者采取补救措施后，对方还有其他损失的，应当赔偿损失。

4. 当事人一方不履行合同义务或者履行合同义务不符合约定，造成对方损失的，损失赔偿额应当相当于因违约所造成的损失，包括合同履行后可以获得的利益；但是，不得超过违约一方订立合同时预见到或者应当预见到的因违约可能造成的损失。

5. 当事人一方因不可抗力不能履行合同的，根据不可抗力的影响，部分或者全部免除责任，但是法律另有规定的除外。因不可抗力不能履行合同的，应当及时通知对方，以减轻可能给对方造成的损失，并应当在合理期限内提供证明。当事人迟延履行后发生不可抗力的，不免除其违约责任。

6. 当事人一方违约后，对方应当采取适当措施防止损失的扩大；没有采取适当措施致使损失扩大的，不得就扩大的损失请求赔偿。当事人因防止损失扩大而支出的合理费用，由违约方负担。

7. 当事人都违反合同的，应当各自承担相应的责任。当事人一方违约造成对方损失，对方对损失的发生有过错的，可以减少相应的损失赔偿额。

8. 当事人一方因第三人的原因造成违约的，应当依法向对方承担违约责任。当事人一方和第三人之间的纠纷，依照法律规定或者按照约定处理。

(三)运输合同

1. 一般规定

(1)运输合同是承运人将旅客或者货物从起运地点运输到约定地点，旅客、托运人或者收货人支付票款或者运输费用的合同。

(2)从事公共运输的承运人不得拒绝旅客、托运人通常、合理的运输要求。

(3)承运人应当在约定期限或者合理期限内将旅客、货物安全运输到约定地点。

(4)承运人应当按照约定的或者通常的运输路线将旅客、货物运输到约定地点。

(5)旅客、托运人或者收货人应当支付票款或者运输费用。承运人未按照约定路线或者通常路线运输增加票款或者运输费用的，旅客、托运人或者收货人可以拒绝支付增加部分的票款或者运输费用。

2. 客运合同

(1)客运合同自承运人向旅客出具客票时成立，但是当事人另有约定或者另有交易习惯的除外。

(2)旅客应当按照有效客票记载的时间、班次和座位号乘坐。旅客无票乘坐、超程乘坐、越级乘坐或者持不符合减价条件的优惠客票乘坐的，应当补交票款，承运人可以按照规定加收票款；旅客不支付票款的，承运人可以拒绝运输。

实名制客运合同的旅客丢失客票的，可以请求承运人挂失补办，承运人不得再次收取票款和其他不合理费用。

(3)旅客因自己的原因不能按照客票记载的时间乘坐的，应当在约定的期限内办理退票或者变更手续；逾期办理的，承运人可以不退票款，并不再承担运输义务。

(4)旅客随身携带行李应当符合约定的限量和品类要求；超过限量或者违反品类要求携带行李的，应当办理托运手续。

(5)旅客不得随身携带或者在行李中夹带易燃、易爆、有毒、有腐蚀性、有放射性以及可能危及运输工具上人身和财产安全的危险物品或者违禁物品。

旅客违反前款规定的，承运人可以将危险物品或者违禁物品卸下、销毁或者送交有关部门。旅客坚持携带或者夹带危险物品或者违禁物品的，承运人应当拒绝运输。

(6)承运人应当严格履行安全运输义务，及时告知旅客安全运输应当注意的事项。旅客对承运人为安全运输所作的合理安排应当积极协助和配合。

(7)承运人应当按照有效客票记载的时间、班次和座位号运输旅客。承运人迟延运输或者有其他不能正常运输情形的，应当及时告知和提醒旅客，采取必要的安置措施，并根据旅客的要求安排改乘其他班次或者退票；由此造成旅客损失的，承运人应当承担赔偿责任，但是不可归责于承运人的除外。

(8)承运人擅自降低服务标准的，应当根据旅客的请求退票或者减收票款；提高服务标准的，不得加收票款。

(9)承运人在运输过程中，应当尽力救助患有急病、分娩、遇险的旅客。

(10)承运人应当对运输过程中旅客的伤亡承担赔偿责任;但是,伤亡是旅客自身健康原因造成的或者承运人证明伤亡是旅客故意、重大过失造成的除外。

前款规定适用于按照规定免票、持优待票或者经承运人许可搭乘的无票旅客。

(四)个人信息保护

1. 自然人的个人信息受法律保护。任何组织或者个人需要获取他人个人信息的,应当依法取得并确保信息安全,不得非法收集、使用、加工、传输他人个人信息,不得非法买卖、提供或者公开他人个人信息。

2. 自然人的个人信息受法律保护。

个人信息是以电子或者其他方式记录的能够单独或者与其他信息结合识别特定自然人的各种信息,包括自然人的姓名、出生日期、身份证件号码、生物识别信息、住址、电话号码、电子邮箱、健康信息、行踪信息等。

个人信息中的私密信息,适用有关隐私权的规定;没有规定的,适用有关个人信息保护的规定。

3. 处理个人信息的,应当遵循合法、正当、必要原则,不得过度处理,并符合下列条件:

(1)征得该自然人或者其监护人同意,但是法律、行政法规另有规定的除外。

(2)公开处理信息的规则。

(3)明示处理信息的目的、方式和范围。

(4)不违反法律、行政法规的规定和双方的约定。

个人信息的处理包括个人信息的收集、存储、使用、加工、传输、提供、公开等。

4. 信息处理者不得泄露或者篡改其收集、存储的个人信息;未经自然人同意,不得向他人非法提供其个人信息,但是经过加工无法识别特定个人且不能复原的除外。

信息处理者应当采取技术措施和其他必要措施，确保其收集、存储的个人信息安全，防止信息泄露、篡改、丢失；发生或者可能发生个人信息泄露、篡改、丢失的，应当及时采取补救措施，按照规定告知自然人并向有关主管部门报告。

(五)其　他

1. 紧急救助行为的责任免除

因自愿实施紧急救助行为造成受助人损害的，救助人不承担民事责任。

2. 行为人擅自进入高危区域受损害时管理人的责任减免

未经许可进入高度危险活动区域或者高度危险物存放区域受到损害，管理人能够证明已经采取足够安全措施并尽到充分警示义务的，可以减轻或者不承担责任。

二、《中华人民共和国铁路法》有关知识

《中华人民共和国铁路法》(以下简称《铁路法》)是为了保障铁路运输和铁路建设的顺利进行，适应社会主义现代化建设和人民生活的需要而制定的法律，于 1990 年 9 月 7 日在第七届全国人民代表大会常务委员会第十五次会议上获得通过，于 1991 年 5 月 1 日起实施。根据 2009 年 8 月 27 日第十一届全国人民代表大会常务委员会第十次会议《关于修改部分法律的决定》第一次修正，根据 2015 年 4 月 24 日第十二届全国人民代表大会常务委员会第十四次会议《关于修改〈中华人民共和国义务教育法〉等五部法律的决定》第二次修正，于 2015 年 4 月 24 日起实施。

(一)总　则

1.《铁路法》所称的铁路，包括国家铁路、地方铁路、专用铁路和铁路专用线。

国家铁路是指国务院铁路主管部门管理的铁路。

地方铁路是指地方人民政府管理的铁路。

专用铁路是指由企业或者其他单位管理，专为本企业或者本单位内部

提供运输服务的铁路。

铁路专用线是指由企业或者其他单位管理的与国家铁路或者其他铁路线路接轨的岔线。

2. 国家铁路的技术管理规程，由国务院铁路主管部门制定，地方铁路、专用铁路的技术管理办法，参照国家铁路的技术管理规程制定。

（二）铁路运输营业

1. 铁路运输企业应当保证旅客和货物运输的安全，做到列车正点到达。

2. 铁路运输合同是明确铁路运输企业与旅客、托运人之间权利义务关系的协议。旅客车票、行李票、包裹票和货物运单是合同或者合同的组成部分。

3. 铁路运输企业应当保证旅客按车票载明的日期、车次乘车，并到达目的站。因铁路运输企业的责任造成旅客不能按车票载明的日期、车次乘车的，铁路运输企业应当按照旅客的要求，退还全部票款或者安排改乘到达相同目的站的其他列车。

4. 铁路的旅客票价率和货物、行李的运价率实行政府指导价或者政府定价，竞争性领域实行市场调节价。政府指导价、政府定价的定价权限和具体适用范围以中央政府和地方政府的定价目录为依据。铁路旅客、货物运输杂费的收费项目和收费标准，以及铁路包裹运价率由铁路运输企业自主制定。

地方铁路的旅客票价率、货物运价率和旅客、货物运输杂费的收费项目和收费标准，由省、自治区、直辖市人民政府物价主管部门会同国务院铁路主管部门授权的机构规定。

5. 铁路的旅客票价，货物、包裹、行李的运价，旅客和货物运输杂费的收费项目和收费标准，必须公告；未公告的不得实施。

6. 国家铁路、地方铁路参加国际联运，必须经国务院批准。

7. 发生铁路运输合同争议的，铁路运输企业和托运人、收货人或者旅客可以通过调解解决;不愿意调解解决或者调解不成的,可以依据合同中的仲裁条款或者事后达成的书面仲裁协议,向国家规定的仲裁机构申请仲裁。

当事人一方在规定的期限内不履行仲裁机构的仲裁决定的,另一方可以申请人民法院强制执行。

当事人没有在合同中订立仲裁条款,事后又没有达成书面仲裁协议的,可以向人民法院起诉。

(三)铁路建设

我国铁路标准轨距为 1 435 毫米。新建国家铁路必须采用标准轨距。

我国既有铁路中还有一小部分是窄轨铁路,窄轨铁路的轨距为 762 毫米或 1 000 毫米。

(四)铁路安全与保护

1. 铁路运输企业必须加强对铁路的管理和保护,定期检查、维修铁路运输设施,保证铁路运输设施完好,保障旅客和货物运输安全。

2. 禁止擅自在铁路线路上铺设平交道口和人行过道。平交道口和人行过道必须按照规定设置必要的标志和防护设施。

行人和车辆通过铁路平交道口和人行过道时,必须遵守有关通行的规定。

3. 运输危险品必须按照国务院铁路主管部门的规定办理,禁止以非危险品品名托运危险品。

禁止旅客携带危险品进站上车。铁路公安人员和国务院铁路主管部门规定的铁路职工,有权对旅客携带的物品进行运输安全检查。实施运输安全检查的铁路职工应当佩戴执勤标志。

危险品的品名由国务院铁路主管部门规定并公布。

4. 禁止偷乘货车、攀附行进中的列车或者击打列车。对偷乘货车、攀附行进中的列车或者击打列车的,铁路职工有权制止。

5. 禁止在铁路线路上行走、坐卧。对在铁路线路上行走、坐卧的,铁路工作人员有权制止。

6. 对聚众拦截列车或者聚众冲击铁路行车调度机构的，铁路职工有权制止；不听制止的，公安人员现场负责人有权命令解散；拒不解散的，公安人员现场负责人有权依照国家有关规定决定采取必要手段强行驱散，并对拒不服从的人员强行带离现场或者予以拘留。

7. 在列车内寻衅滋事，扰乱公共秩序，危害旅客人身、财产安全的，铁路职工有权制止，铁路公安人员可以予以拘留。

8. 在车站和旅客列车内，发生法律规定需要检疫的传染病时，由铁路卫生检疫机构进行检疫；根据铁路卫生检疫机构的请求，地方卫生检疫机构应予协助。

9. 因铁路行车事故及其他铁路运营事故造成人身伤亡的，铁路运输企业应当承担赔偿责任；如果人身伤亡是因不可抗力或者由于受害人自身的原因造成的，铁路运输企业不承担赔偿责任。

违章通过平交道口或者人行过道，或者在铁路线路上行走、坐卧造成的人身伤亡，由于受害人自身的原因造成的人身伤亡。

(五)法律责任

1. 违反本法规定，携带危险品进站上车或者以非危险品品名托运危险品，导致发生重大事故的，依照刑法有关规定追究刑事责任。企业事业单位、国家机关、社会团体犯本款罪的，处以罚金，对其主管人员和直接责任人员依法追究刑事责任。

携带炸药、雷管或者非法携带枪支子弹、管制刀具进站上车的，依照刑法有关规定追究刑事责任。

2. 故意损毁、移动铁路行车信号装置或者在铁路线路上放置足以使列车倾覆的障碍物的，依照刑法有关规定追究刑事责任。

3. 盗窃铁路线路上行车设施的零件、部件或者铁路线路上的器材，危及行车安全的，依照刑法有关规定追究刑事责任。

4. 聚众拦截列车、冲击铁路行车调度机构不听制止的，对首要分子和骨干分子依照刑法有关规定追究刑事责任。

5. 聚众哄抢铁路运输物资的，对首要分子和骨干分子依照刑法有关规定追究刑事责任。

铁路职工与其他人员勾结犯前款罪的，从重处罚。

6. 在列车内，抢劫旅客财物，伤害旅客的，依照刑法有关规定从重处罚。

在列车内，寻衅滋事，侮辱妇女，情节恶劣的，依照刑法有关规定追究刑事责任；敲诈勒索旅客财物的，依照刑法有关规定追究刑事责任。

7. 倒卖旅客车票，构成犯罪的，依照刑法有关规定追究刑事责任。铁路职工倒卖旅客车票或者与其他人员勾结倒卖旅客车票的，依照刑法有关规定追究刑事责任。

8. 违反本法规定，尚不够刑事处罚，应当给予治安管理处罚的，依照治安管理处罚法的规定处罚。

9. 擅自在铁路线路上铺设平交道口、人行过道的，由铁路公安机关或者地方公安机关责令限期拆除，可以并处罚款。

10. 铁路运输企业违反本法规定，多收运费、票款或者旅客、货物运输杂费的，必须将多收的费用退还付款人，无法退还的上缴国库。将多收的费用据为已有或者侵吞私分的，依照刑法有关规定追究刑事责任。

11. 铁路职工利用职务之便走私的，或者与其他人员勾结走私的，依照刑法有关规定追究刑事责任。

12. 铁路职工玩忽职守、违反规章制度造成铁路运营事故的，滥用职权、利用办理运输业务之便谋取私利的，给予行政处分；情节严重、构成犯罪的，依照刑法有关规定追究刑事责任。

三、《铁路安全管理条例》有关知识

《铁路安全管理条例》经 2013 年 7 月 24 日国务院第 18 次常务会议通过，自 2014 年 1 月 1 日起施行。

(一)总　　则

铁路安全管理坚持安全第一、预防为主、综合治理的方针。

禁止扰乱铁路建设、运输秩序。禁止损坏或者非法占用铁路设施设备、铁路标志和铁路用地。

任何单位或者个人发现损坏或者非法占用铁路设施设备、铁路标志、铁路用地以及其他影响铁路安全的行为,有权报告铁路运输企业,或者向铁路监管部门、公安机关或者其他有关部门举报。接到报告的铁路运输企业、接到举报的部门应当根据各自职责及时处理。

(二)铁路线路安全

1. 铁路线路两侧应当设立铁路线路安全保护区。铁路线路安全保护区的范围,从铁路线路路堤坡脚、路堑坡顶或者铁路桥梁(含铁路、道路两用桥,下同)外侧起向外的距离分别为:

(1)城市市区高速铁路为 10 米,其他铁路为 8 米;

(2)城市郊区居民居住区高速铁路为 12 米,其他铁路为 10 米;

(3)村镇居民居住区高速铁路为 15 米,其他铁路为 12 米;

(4)其他地区高速铁路为 20 米,其他铁路为 15 米。

2. 设计开行时速 120 千米以上列车的铁路应当实行全封闭管理。铁路建设单位或者铁路运输企业应当按照国务院铁路行业监督管理部门的规定在铁路用地范围内设置封闭设施和警示标志。

3. 机动车或者非机动车在铁路道口内发生故障或者装载物掉落的,应当立即将故障车辆或者掉落的装载物移至铁路道口停止线以外或者铁路线路最外侧钢轨 5 米以外的安全地点。无法立即移至安全地点的,应当立即报告铁路道口看守人员;在无人看守道口,应当立即在道口两端采取措施拦停列车,并就近通知铁路车站或者公安机关。

(三)铁路运营安全

1. 铁路运输企业应当在列车、车站等场所公告旅客、列车工作人员以及其他进站人员遵守的安全管理规定。

2. 铁路运输企业应当按照国务院铁路行业监督管理部门的规定实施火车票实名购买、查验制度。

实施火车票实名购买、查验制度的，旅客应当凭有效身份证件购票乘车；对车票所记载身份信息与所持身份证件或者真实身份不符的持票人，铁路运输企业有权拒绝其进站乘车。

铁路运输企业应当采取有效措施为旅客实名购票、乘车提供便利，并加强对旅客身份信息的保护。铁路运输企业工作人员不得窃取、泄露旅客身份信息。

3. 铁路运输企业应当依照法律、行政法规和国务院铁路行业监督管理部门的规定，对旅客及其随身携带、托运的行李物品进行安全检查。

从事安全检查的工作人员应当佩戴安全检查标志，依法履行安全检查职责，并有权拒绝不接受安全检查的旅客进站乘车和托运行李物品。

4. 旅客应当接受并配合铁路运输企业在车站、列车实施的安全检查，不得违法携带、夹带管制器具，不得违法携带、托运烟花爆竹、枪支弹药等危险物品或者其他违禁物品。

禁止或者限制携带的物品种类及其数量由国务院铁路行业监督管理部门会同公安机关规定，并在车站、列车等场所公布。

5. 禁止实施下列危害铁路安全的行为：

(1)非法拦截列车、阻断铁路运输。

(2)扰乱铁路运输指挥调度机构以及车站、列车的正常秩序。

(3)在铁路线路上放置、遗弃障碍物。

(4)击打列车。

(5)擅自移动铁路线路上的机车车辆，或者擅自开启列车车门、违规操纵列车紧急制动设备。

(6)拆盗、损毁或者擅自移动铁路设施设备、机车车辆配件、标桩、防护设施和安全标志。

(7)在铁路线路上行走、坐卧或者在未设道口、人行过道的铁路线路上通过。

(8)擅自进入铁路线路封闭区域或者在未设置行人通道的铁路桥梁、隧道通行。

(9)擅自开启、关闭列车的货车阀、盖或者破坏施封状态。

(10)擅自开启列车中的集装箱箱门,破坏箱体、阀、盖或者施封状态。

(11)擅自松动、拆解、移动列车中的货物装载加固材料、装置和设备。

(12)钻车、扒车、跳车。

(13)从列车上抛扔杂物。

(14)在动车组列车上吸烟或者在其他列车的禁烟区域吸烟。

(15)强行登乘或者以拒绝下车等方式强占列车。

(16)冲击、堵塞、占用进出站通道或者候车区、站台。

(四)法律责任

1. 铁路建设单位和铁路建设的勘察、设计、施工、监理单位违反《铁路安全管理条例》关于铁路建设质量安全管理的规定的,由铁路监管部门依照有关工程建设、招标投标管理的法律、行政法规的规定处罚。

2. 铁路建设单位未对高速铁路和地质构造复杂的铁路建设工程实行工程地质勘察监理,或者在铁路线路及其邻近区域进行铁路建设工程施工不执行铁路营业线施工安全管理规定,影响铁路运营安全的,由铁路监管部门责令改正,处10万元以上50万元以下的罚款。

3. 依法应当进行产品认证的铁路专用设备未经认证合格,擅自出厂、销售、进口、使用的,依照《中华人民共和国认证认可条例》的规定处罚。

4. 铁路机车车辆以及其他专用设备制造者未按规定召回缺陷产品,采取措施消除缺陷的,由国务院铁路行业监督管理部门责令改正;拒不改正的,处缺陷产品货值金额1%以上10%以下的罚款;情节严重的,由国务院铁路行业监督管理部门吊销相应的许可证件。

5. 有下列情形之一的,由铁路监督管理机构责令改正,处2万元以上10万元以下的罚款:

(1)用于铁路运输的安全检测、监控、防护设施设备,集装箱和集装化用具等运输器具、专用装卸机械、索具、篷布、装载加固材料或者装置、运输包装、货物装载加固等,不符合国家标准、行业标准和技术规范。

(2)不按照国家有关规定和标准设置、维护铁路封闭设施、安全防护设施。

(3)架设、铺设铁路信号和通信线路、杆塔不符合国家标准、行业标准和铁路安全防护要求,或者未对铁路信号和通信线路、杆塔进行维护和管理。

(4)运输危险货物不依照法律法规和国家其他有关规定使用专用的设施设备。

6. 在铁路线路安全保护区内烧荒、放养牲畜、种植影响铁路线路安全和行车瞭望的树木等植物,或者向铁路线路安全保护区排污、倾倒垃圾以及其他危害铁路安全的物质的,由铁路监督管理机构责令改正,对单位可以处 5 万元以下的罚款,对个人可以处 2 000 元以下的罚款。

7. 未经铁路运输企业同意或者未签订安全协议,在铁路线路安全保护区内建造建筑物、构筑物等设施,取土、挖砂、挖沟、采空作业或者堆放、悬挂物品,或者违反保证铁路安全的国家标准、行业标准和施工安全规范,影响铁路运输安全的,由铁路监督管理机构责令改正,可以处 10 万元以下的罚款。

铁路运输企业未派员对铁路线路安全保护区内施工现场进行安全监督的,由铁路监督管理机构责令改正,可以处 3 万元以下的罚款。

8. 在铁路线路安全保护区及其邻近区域建造或者设置的建筑物、构筑物、设备等进入国家规定的铁路建筑限界,或者在铁路线路两侧建造、设立生产、加工、储存或者销售易燃、易爆或者放射性物品等危险物品的场所、仓库不符合国家标准、行业标准规定的安全防护距离的,由铁路监督管理机构责令改正,对单位处 5 万元以上 20 万元以下的罚款,对个人处 1 万元以上 5 万元以下的罚款。

9. 有下列行为之一的，分别由铁路沿线所在地县级以上地方人民政府水行政主管部门、国土资源主管部门或者无线电管理机构等依照有关水资源管理、矿产资源管理、无线电管理等法律、行政法规的规定处罚：

（1）未经批准在铁路线路两侧各 1 000 米范围内从事露天采矿、采石或者爆破作业。

（2）在地下水禁止开采区或者限制开采区抽取地下水。

（3）在铁路桥梁跨越处河道上下游各 1 000 米范围内围垦造田、拦河筑坝、架设浮桥或者修建其他影响铁路桥梁安全的设施。

（4）在铁路桥梁跨越处河道上下游禁止采砂、淘金的范围内采砂、淘金。

（5）干扰铁路运营指挥调度无线电频率正常使用。

10. 铁路运输企业、道路管理部门或者道路经营企业未履行铁路、道路两用桥检查、维护职责的，由铁路监督管理机构或者上级道路管理部门责令改正；拒不改正的，由铁路监督管理机构或者上级道路管理部门指定其他单位进行养护和维修，养护和维修费用由拒不履行义务的铁路运输企业、道路管理部门或者道路经营企业承担。

11. 机动车通过下穿铁路桥梁、涵洞的道路未遵守限高、限宽规定的，由公安机关依照道路交通安全管理法律、行政法规的规定处罚。

12. 违反《铁路安全管理条例》第四十八条、第四十九条关于铁路道口安全管理的规定的，由铁路监督管理机构责令改正，处 1 000 元以上 5 000 元以下的罚款。

13. 违反《铁路安全管理条例》第五十一条、第五十二条、第五十三条、第七十七条规定的，由公安机关责令改正，对单位处 1 万元以上 5 万元以下的罚款，对个人处 500 元以上 2 000 元以下的罚款。

14. 铁路运输托运人托运货物、行李、包裹时匿报、谎报货物品名、性质、重量，或者装车、装箱超过规定重量的，由铁路监督管理机构责令改正，可以处 2 000 元以下的罚款；情节较重的，处 2 000 元以上 2 万元以下的罚款;将危险化学品谎报或者匿报为普通货物托运的,处 10 万元以上 20 万元以下的罚款。

铁路运输托运人在普通货物中夹带危险货物,或者在危险货物中夹带禁止配装的货物的,由铁路监督管理机构责令改正,处 3 万元以上 20 万元以下的罚款。

15. 铁路运输托运人运输危险货物未配备必要的应急处理器材、设备、防护用品,或者未按照操作规程包装、装卸、运输危险货物的,由铁路监督管理机构责令改正,处 1 万元以上 5 万元以下的罚款。

16. 铁路运输托运人运输危险货物不按照规定配备必要的押运人员,或者发生危险货物被盗、丢失、泄漏等情况不按照规定及时报告的,由公安机关责令改正,处 1 万元以上 5 万元以下的罚款。

17. 旅客违法携带、夹带管制器具或者违法携带、托运烟花爆竹、枪支弹药等危险物品或者其他违禁物品的,由公安机关依法给予治安管理处罚。

18. 铁路运输企业有下列情形之一的,由铁路监管部门责令改正,处 2 万元以上 10 万元以下的罚款:

(1)在非危险货物办理站办理危险货物承运手续。

(2)承运未接受安全检查的货物。

(3)承运不符合安全规定、可能危害铁路运输安全的货物。

(4)未按照操作规程包装、装卸、运输危险货物。

19. 铁路监管部门及其工作人员应当严格按照《铁路安全管理条例》规定的处罚种类和幅度,根据违法行为的性质和具体情节行使行政处罚权,具体办法由国务院铁路行业监督管理部门制定。

20. 铁路运输企业工作人员窃取、泄露旅客身份信息的,由公安机关依法处罚。

21. 从事铁路建设、运输、设备制造维修的单位违反《铁路安全管理条例》规定,对直接负责的主管人员和其他直接责任人员依法给予处分。

22. 铁路监管部门及其工作人员不依照《铁路安全管理条例》规定履行职责的，对负有责任的领导人员和直接责任人员依法给予处分。

23. 违反《铁路安全管理条例》规定，给铁路运输企业或者其他单位、个人财产造成损失的，依法承担民事责任。

违反《铁路安全管理条例》规定，构成违反治安管理行为的，由公安机关依法给予治安管理处罚；构成犯罪的，依法追究刑事责任。

四、《铁路交通事故应急救援和调查处理条例》有关知识

（一）铁路交通事故概念

铁路交通事故是指铁路机车车辆在运行过程中与行人、机动车、非机动车、牲畜及其他障碍物相撞，或者铁路机车车辆发生冲突、脱轨、火灾、爆炸等影响铁路正常行车的事故。

（二）事故等级

根据事故造成的人员伤亡、直接经济损失、列车脱轨辆数、中断铁路行车时间等情形，事故等级分为特别重大事故、重大事故、较大事故和一般事故。

（三）事故报告

事故报告应当包括下列内容：

1. 事故发生的时间、地点、区间（线名、公里、米）、事故相关单位和人员。

2. 发生事故的列车种类、车次、部位、计长、机车型号、牵引辆数、吨数。

3. 承运旅客人数或若货物品名、装载情况。

4. 人员伤亡情况，机车车辆、线路设施、道路车辆的损坏情况，对铁路行车的影响情况。

5. 事故原因的初步判断。

6. 事故发生后采取的措施及事故控制情况。

7. 具体救援请求。事故报告后出现新情况的，应当及时补报。

（四）事故调查处理期限

1. 特别重大事故的调查期限为 60 日。

2. 重大事故的调查期限为 30 日。

3. 较大事故的调查期限为 20 日。

4. 一般事故的调查期限为 10 日。

事故调查期限自事故发生之日起计算。

（五）事故赔偿

事故造成人身伤亡的，铁路运输企业应当承担赔偿责任；但是人身伤亡是不可抗力或者受害人自身原因造成的，铁路运输企业不承担赔偿责任。

违章通过平交道口或者人行过道，或者在铁路线路上行走、坐卧造成的人身伤亡，属于受害人自身的原因造成的人身伤亡。

（六）法律责任

1. 铁路运输企业及其职工违反法律、行政法规的规定，造成事故的，由国务院铁路主管部门或者铁路管理机构依法追究行政责任。

2. 发生铁路交通事故后，铁路运输企业及职工不立即组织救援，或者迟报、漏报、瞒报、谎报事故的，对单位，由国务院铁路主管部门或者铁路管理机构处 10 万元以上 50 万元以下的罚款；对个人，由国务院铁路主管部门或者铁路管理机构处 4 000 元以上 2 万元以下的罚款；属于国家工作人员的，依法给予处分；构成犯罪的，依法追究刑事责任。

3. 发生铁路交通事故后，国务院铁路主管部门、铁路管理机构以及其他行政机关未立即启动应急预案，或者迟报、漏报、瞒报、谎报事故的，对直接负责的主管人员和其他直接责任人员依法给予处分；构成犯罪的，依法追究刑事责任。违反《铁路交通事故应急救援和调查处理条例》的规定，干扰、阻碍事故救援、铁路线路开通、列车运行和事故调查处理的，对单位，由国务院铁路主管部门或者铁路管理机构处 4 万元以上 20 万元以下的罚款；对个人，由国务院铁路主管部门或者铁路管理机构处 2 000 元以上 1 万元以下的罚款；情节严重的，对单位，由国务院铁路主管部门或者铁路管理机构处 20 万元以上 100 万元以下的罚款；对个人，由国务院铁路主管部门或者铁路管理机构处 1 万元以上 5 万元以下的罚款；属于国家工作人员的，依法给予处分；构成违反治安管理行为的，由公安机关依法给予治安管理处罚；构成犯罪的，依法追究刑事责任。

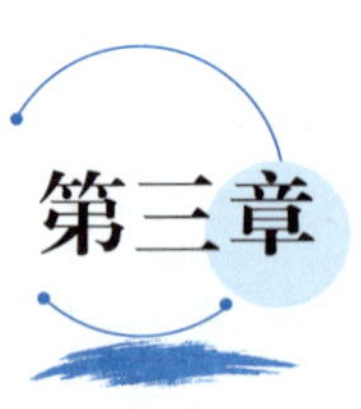

第三章

旅客心理研究与有效沟通

心理学是一门研究人类心理现象及其影响下的精神功能和行为活动的科学。心理学是使用科学的方法对个体的行为和心理过程得出结论，在适宜的水平上客观地描述行为，解释产生行为的原因，预测行为何时会发生，以及控制行为达到提高人类生活质量的目的。因此，心理学对一切社会实践均具有普遍的指导意义。

旅客心理学是研究旅客旅行心理的主要理论依据。要想做好旅客运输中与人相处的工作，就必须了解和掌握人的心理特征、心理活动及其行为规律。掌握旅客心理是一门学问、一种技能。对旅客心理的研究，就是关注铁路客运服务人员与服务对象心理交流的过程，是一个相互关心、相互理解、相互适应、相互沟通的过程。铁路旅客运输服务过程中为旅客提供的各项服务措施都应考虑旅客心理的需要，并在实施中不断优化、调整以满足旅客日益增长、变化的服务需求。满足程度则决定了铁路客运服务质量水平的高低。

铁路客运服务工作就是满足旅客在旅行中的各种服务需要，起主导作用的是铁路客运服务人员。铁路客运服务人员要保证旅客旅行环境的安全，也不能忽视铁路客运服务人员自身的安全，这都要求铁路客运服务人员必须具备良好的心理素质。因此，学习心理学知识，研究旅客心理，是客运岗位职业的需要，是一种心智技能的训练。学习心理学知识，掌握旅客心理，对增强服务意识，增强服务的主动性，提高服务水平，确保安全运输起关键性作用，对指导客运职工自己的生活，提高与人相处的能力也都有很好帮助。

第一节　旅客心理

一、心理素质

在现实生活里，人与人之间的交往处处都反映着人的心理活动。人的心理素质是指人先天特有的情感情绪、兴趣爱好、气质性格等方面的内容和后天形成的信心、信念、意志、毅力、宽容心等方面的内容。情感情绪，则是人们对客观事物与人的需要之间关系的反映。兴趣爱好的差异，往往影响或决定着个人的发展方向。气质性格方面的特征，则反映一个人基本的精神面貌，即表现一个人的个性的痕迹。每个人都有不同的兴趣爱好、气质性格、情感情绪，它直接影响一个人的思想和行为，影响一个人的整体形象，人们往往从一个人的情感情绪、兴趣爱好、气质性格来看这个人的心理素质的成熟和健康程度。

心理素质本身是一种内在的心理过程，它往往通过一定的方式在个体身上体现出来，使其他人感觉到并做出相应的反应和评价。所以心理素质是衡量一个人成熟与否、称职与否的一个重要标准。一个具有良好心理素质的人，能自我控制行为，抑制负面影响，发挥优势、克服弱点，不断调整和修正自己，塑造崇高的形象，有助于事业成功。

铁路客运服务人员必须拥有健康、积极、乐观向上的心态、有对工作深深热爱的职业情感和责任感，勤于思考，积极寻求满足旅客需要的方法。因此学习心理学知识是铁路客运服务人员的必修课。下面详细介绍旅客心理学基础知识。

（一）一般心理

心理活动的认识过程，是指人脑对客观现实的属性及其规律的反映过程，包括感觉、知觉、记忆、思维和想象，它是最基本的心理活动过程，是个体心理活动的前提和条件。

心理活动的情感过程，是指在认识的基础上，个体对客观现实是否符合人的需要、愿望、观点而产生的态度体验和行为反应，如满意、喜爱、恐惧、厌恶等，是人的态度形成的基础，是对客观现实的一种特殊反映形式。人生活在社会中，必然要涉及社会中的各种各样的交流对象和现象，必然要遇到得失、顺逆、美丑等情境，会出现有时高兴和喜悦，有时气愤和憎恶，有爱慕和钦佩，有时感到悲伤和忧虑等。

心理活动的意志过程，是指人们下定决心，克服困难，准备去完成任务的内部心理过程，是人的心理、意识能动性的具体表现，是人特有的心理活动形式。意志过程包括两个方面：一是确定决定，二是执行决定。如果一个人没有坚强的意志是干不好工作的，难以在事业上取得成功。

在心理活动过程中，认识是基础，情感和意志是认识的体验反映，但又能促进和影响认识的升华。

(二)个性心理

个性心理是指从众人中区别开来的综合素质和气质，即表现一个人的具体心理。个性心理特征，是个性结构中较稳定的部分，受心理素质影响较大，一旦形成便比较稳定，对人的行为表现起着较持续、较特定的影响作用。

个性心理包括个性心理特征和个性心理倾向。由于人的个性心理特征和个性心理倾向的不同，构成人的心理活动是十分复杂的、多种多样的。一个人的事业成败，虽然有许多主观因素和客观因素，但从个人来说，不仅同自己的知识、能力、体力、经历有关，而且同自己的个性心理成熟与否、健康与否有着直接关系。这是因为个性心理决定人的思维，决定人的行为和生活方式，影响人的情绪、理智、身体，影响人的品德、智慧、能力、行为和人际交往，从而影响一个人的才气的形成、人气的凝聚、运气的把握、意志的坚定、身体的健康，决定着一个人的事业是否成功和家庭生活是否幸福。

因此学习、研究人的个性心理的形成和发展，对一个人的成长，对事业的热爱和理想的追求，对家庭和睦关系的维系，对子女的教育等方面都有着十分重要的现实指导意义。个性心理特征，包括人的气质、性格、能力三个方面。

1. 气质

(1)气质的含义

气质是指一个人的心理活动的动力特征，即心理过程的速度和稳定性、心理过程的强度以及心理活动的指向性。气质特征是受神经系统的特点制约的，它具有一定的先天性。

气质使一个人的心理活动染上个人独特的色彩，有某种气质类型的人，常常在内容很不相同的活动中都能显示出同样性质的动力特征。如一个沉着稳重而又具备内向气质的人，参加庆祝活动，能乐而自恃，参加追悼会，能哀而有节，绝不至于失态。一个急性子的人，不仅走路、干活时性急，而且在说话和与人交往中也会出现性急的特点，若与慢性子的人在一起，会表现出不耐烦的情绪。

(2)气质的分类

人们常说“江山易改，禀性难移”，这个“禀性”指的就是气质。关于气质的理论有多种学派论述。古希腊医生希波克拉是公认的气质学的创始者，他认为人体内有四种体液，即血液、黏液、黄胆汁与黑胆汁。这四种体液在体内所占比例的多少决定了人的性格特点。在他看来，若血液占优势则气质为多血质型，黏液占优势则为黏液质型，黄胆汁占优势则为胆汁质型，黑胆汁占优势则为抑郁质型。现在，这些名称已失去含义，人们只是借用这些名称对气质类型进行划分，表述其含义。

①胆汁质型(兴奋型)。

其特点是：精力旺盛，工作主动，热情直爽，容易和周围的人发生联系，说话直来直去，一针见血，思维敏捷，对外刺激反应迅速，行动快，办事果断，效率较高，但准确性差，情感和言语、动作化快，喜怒形之于色，难以控制，行为鲁莽冒失，情绪变化剧烈，火气旺盛，脾气暴躁、性急，自制力差，容易得罪人，激动的心情不能持久，缺乏耐性，工作带有周期性，粗枝大叶，办事不容易深入细致，具有明显的外倾性格。

②多血质型（活泼型）。

其特点是：活泼好动、朝气蓬勃，思维活跃，对外界刺激反应迅速、灵敏，能很快地把握新事物，能很快适应变化的环境，应变能力强，性情温和、乐观、待人热情，善于交际，但情绪、兴趣易发生转移和变换，不愿意做耐心细致的工作，工作持续性差，易见异思迁，对问题和决策缺乏深思熟虑，比较轻率，遭受挫折，就会厌倦、消极，性格热情外倾。

③黏液质型（安静型）。

其特点是：沉着稳重、冷静、交际适度，言行举止稳重，说话慢条斯理，不易激动，不易发脾气，喜怒哀乐不外露，善于忍耐及自制，能从事比较艰苦、细微的工作，埋头苦干，不空谈。但灵活性差，对外界刺激反应缓慢，适应变化了的环境时间较长，比较保守，有惰性，具有明显的内倾性格。

④抑郁质型（抑郁型）。

其特点是：敏感多疑，多愁善感，内心常思潮滚滚。对外刺激反应慢、不灵活，但观察力敏锐，善于观察别人觉察不到的细节；预见性强，布置工作细致，行为孤僻，不善于交际，常表现出一副与世无争，落落寡合的样子；感情脆弱，不适应大起大落，优柔寡断，多忧多虑，缺乏自信心，常有孤独、胆怯的表现；行动迟缓，在风险紧急关头不能当机立断，但外表温柔，能与别人很好相处；富于同情心，能接受别人的委托，愿意帮助别人。性格严重内向。

以上 4 种气质，在现实生活中，纯粹属于某一种气质类型的人比较少，多数人都是介于各类型之间的中间类型或混合型。

气质是人的高级神经活动类型的心理表现，只有与能力、兴趣，特别是性格综合起来才能发挥作用，体现一个人的人格、自尊、素质、知识、品德的综合修养，具有深刻的吸引力和感染力。例如，女性文静的温柔之美，为人宽厚，心地善良，诚恳淳朴的气质；男性刚毅的阳刚之美，自强不息，不畏艰难，刚毅坚定的气质，谦虚谨慎，成熟稳健，向上进取的气质，等等。

美丽可以打动人，而气质好可以征服人，具有比美丽更深刻、更久远的魅力。日常生活中人们所讲的“气质”与心理学讲的不是一个概念，主要是指一个人的长相、衣着、打扮、精神状态等外部状态表现。

(3)气质的特征

①气质具有极大的稳定性。

当一个人的思想相当成熟时，无论从事什么工作，在什么地方，在什么时候，对人、对事，都能保持自己独立的个性。而且很早就表现于儿童游戏、作业与交往的活动中。与其他心理特征相比，气质的变化要缓慢得多，但气质在环境作用下也可以变化。一般来说，文化程度越高，社会经验越丰富，地位与责任越重要，改变或调节自己气质的能力就越强。

②气质无好坏之分。

每一种类型都有积极一面和消极一面。例如，胆汁质的人，有可能形成热情开朗、忠诚耿直、坚强果断、英勇刚毅、敢想敢为、行动迅速、埋头苦干、不怕牺牲、有进取心等优良品质，也有可能形成暴躁易怒、感情用事、鲁莽任性、容易冲动、粗枝大叶等不良品质；多血质的人有可能形成聪明伶俐、灵活机敏、善于交际、有同情心、兴趣广泛等优良品质；也有可能形成轻浮狡诈、情绪多变、见异思迁等不良品质；黏液质的人有可能形成稳重、坚毅、有耐心和埋头苦干等优良品质；也有可能形成冷漠、萎靡不振、保守、对新事物不敏感等不良品质；抑郁质的人，有可能形成观察敏锐、工作细心、富于想象、遵守纪律等优良品质，也有可能形成孤僻、怯懦、缺乏自信心等不良品质。

③气质能影响人的活动方式，但不能决定人的成就高低。

任何一种气质的人都有可能取得大的社会价值和成就，或一事无成。

从某种意义上来说，气质可以看作是个性的基础。良好的个性必然有良好的气质。人的气质是先天造成的，虽具有稳定性，但也不是一成不变的，它的消极方面可以通过针对性的自我教育和培养加以克服，促进优良品质的形成，避免不良品质的发展。

通过对气质的了解和认识，学会如何与不同类型气质的人相处。如胆汁质类型的人相处，不可轻易激怒他们，可以采取说服方法直接进行，不必拐弯抹角。与多血质类型的人相处，可以创造条件，多制造活动的机会，显示其特长，对其缺点，不宜直接批评，亦采用暗示性的用语，点事不点人，让其自己对号入座，自我觉察，否则，他会找机会为难你。黏液质类型的人相处，要有耐心，对其缺点、错误用商讨式的方法进行，让他多说，提出不同的看法和意见，容许其有思考和做出反应的足够时间。与抑郁质类型的人相处，应支持他参加的活动，注意对其关心、爱护，不宜在公开场合指责，批评不要过于严厉，采取对比批评的方式，即批评错误的同时也指出优点，与赞扬结合起来，使其易接受，振作精神。

2. 性格

性格是个性心理特征之一，是个性的核心，是一个人最鲜明、最重要的区别于他人的个性心理特征，是个性的标志，是决定人生的最重要的心理因素。了解性格的最大好处是可以认清自己，知道自己的弱点，然后对症下药，加以改进。可以知道如何与不同性格的人相处，也可以知道别人所作反应的原因后而产生自我安慰。

(1)性格的含义

性格，是指一个人对现实稳定的态度和与之相适应的习惯行为的表现。

人们在社会活动中，客观事物对人的影响将会在个体的体验中保存和固定下来，形成个体对人与事的态度体系，暗藏且在行为中表现出来。例如，有的人勤奋，有的人懒惰，有的人大胆，有的人怯懦，有的人开朗，有的人沉默，等等。

性格表现总是比较稳定的，甚至在不同场合中都可以表现出来。当然，不是任何一种态度与任何一种行为方式都表现其性格。例如：一个人往往处事果断，偶尔也会表现出优柔寡断。那么，果断是这个人的性格，优柔寡断则不是他的性格。

一个人的性格可以从他的“处世原则、对事态度和活动方式”中看出。处世原则，是一个人的人生观、价值观的体现，是个性性格的核心。对事态度，是一个人对待自己与客观现实的态度体系，是性格的实体。活动方式，是性格的表现特征。这3个方面的互相影响、相互联系，反映了一个人所具有的人格化的综合心理特点。

人的性格与人的心理活动的各个方面都有着密切的联系，虽然有天赋的特定的一面，但也是可以改变的。逐步形成的个人的态度体系和习惯了的行为方式，贯穿在人的整个生活中。这是因为人的性格受一定的思想、意志、信念、世界观和环境的影响与制约，表现在认识、情感、意志、态度、行为等各个方面，它与人的品德的形成有直接关系，它可以调节和改造一个人的气质、能力的发展，影响领导方式和人际关系的沟通与交往。

良好的性格修养是提高素质的重要条件之一。要提高人的行为预见性和控制力，掌握行为的规律性，保持良好的人际关系，必须认真研究人的性格特征。

(2)性格的分类

性格分类是指一类人身上所共有的对性格特征的独特组合。性格类型的划分为以下几种：

①按心理机能分，可分为理智型、情绪型和意志型。理智型，以理智来支配行动；情绪型，凭感情办事；意志型，以目标支配行动。

②按倾向性分，可分为外倾型和内倾型。外倾型，开朗、活泼、善交际；内倾型，反应缓慢，适应环境困难，但沉静、多思。

③按竞争性分，可分为优越型和自卑型。优越型，好胜心强，不甘落后；自卑型，自卑感强，不愿与别人竞争。

④按独立性分，可分为独立型和顺从型。独立型，自主性强，善于独立地发现与解决问题，处事果断，也喜欢把自己的意志强加于人；顺从型，独

立性差，易受暗示，在紧急情况下无所适从。

不论性格种类如何划分，每一种性格都有许多优点和缺点。例如，性格刚毅的人，优点是敢于惩恶，缺点是攻击性太强；性格宽厚的人，优点是宽容大度，缺点是优柔寡断；性格豪爽的人，优点是侠肝义胆，缺点是不计后果；性格精明的人，优点是谨慎谦和，缺点是疑心太重等。

一个人纯属一种性格类型的很少，多数人都是以某一种性格类型为主要特征，兼有其他类型的某些特征。各种性格都有其非同寻常的价值，都能制约着气质、能力、需要、动机和兴趣等个性倾向性的表现，影响人的一生。

(3)性格的特征

性格特征的差异表现在以下四个方面：

①对现实态度的性格特征。

表现在处理各种社会关系方面的性格特征。即对他人、对集体、对社会所持的态度，如善良、同情、热爱、冷漠、反对等，对劳动、学习和工作所持的态度，如勤劳、懒惰、细心负责、粗枝大叶、开拓创新、墨守成规、马马虎虎等，对自己的态度，如谦虚、骄傲、自尊、自信、诚实、虚伪、放任、不卑不亢、自惭形秽等。

②性格的意志特征。

表现在人对自己行为的自觉调节方式和水平方面的个人特征，如意志的自觉性、自制性、果断性、坚定性。优良的意志品质是人坚强性格的特征。

③性格的情绪特征。

表现在人对情绪的控制强弱程度、稳定程度、快慢速度、保持时间的长短和主导心境的性质。

④性格的理智特征。

表现在人的认识活动中，例如，感知，是被动知觉或主动观察，详细罗列或概括扼要，粗略或精细；记忆，是直观形象或抽象；想象，有现实感或脱离实际，内容广阔或者狭窄；思维，思考深刻或肤浅，稳定或不稳定，独立思考或回避问题等的个体差异。

(4)性格与气质的关系

性格与气质的关系有许多争论，但一般学者都相信，“性格”属于意志方面的特征，而“气质”则属于感情方面的特征，是内心情绪向外流露的表现状况。

性格与气质既有区别，又有联系，其主要表现在以下几个方面：

①气质的生理机制是神经系统的特性及由此组成的活动类型，受神经系统的先天性影响多些，比较稳定，变化较难，而性格的生理机制主要是动力型的，它是后天形成的，比气质变化容易些、快些。

②气质和性格既相互联系，又相互制约。相同气质类型的人可以形成互不相同的性格特征，而不同气质类型的人即使形成同一类型性格特征，也会保留有各自的气质色彩。例如，不同气质的人，同样可以形成“勤劳”这种行为态度，但具体表现形态就不一样。又如“自制力”，这是表现意志的性格，有的人表现很容易、很自然，有的人则需要经过很大的努力，才能克制自我。

③性格与气质是个性中非常相似的心理现象。性格的基点是气质，是以气质为基础并以气质所应有的特征形成的各种各样的性格。人的气质的某些特征一旦在实践中为人们自己的经验所补充、所巩固，它们也往往成为与性格难以区分的特征。性格在一定程度上掩盖或改造气质。

气质是“真我”，性格就像“我”穿在外面的衣服。因此仅从表面上区分性格和气质是不可能的，这是因为性格和气质互相制约、互相补充、互相影响。

如何判断一个人是什么性格、什么气质呢？一般来看，性格表现在喜怒哀乐、爱管闲事、漠不关心、随和、优越感、自卑感、自信、细致、粗心、敏感、迟钝、神经质、忍耐力、见异思迁等精神活动方面。气质表现在老实、粗暴、活泼、有精力、好奇心、脾气大、胆小、胆大、痛快、沮丧、开朗、不稳重、麻利、文静等精神活动方面。

了解了气质、性格的特点以及两者的关系，便具有评判性格优劣的能力，可以指导自己在思维、记忆、情感、兴趣、能力、意志和自我意识方面性格修养，培养自我约束、自我改进的能力，塑造良好的形象。

3. 能力

能力是个性心理特征之一，它与气质、性格有着密切的关系，影响着能力的发挥。能力是指一个人顺利地完成某种活动有关的心理特征。能力、知识与技能的关系十分密切。知识，是人类改造自然和改造社会的历史经验的总结。技能，是人的心智活动、身体动作、情感表达、社会交往、学习工作等因素综合运用的能力。

能力和知识、技能之间相互联系，相互制约。掌握知识、技能是以一定的能力为前提，能力制约着掌握知识、技能的快慢、深浅、难易和巩固程度；而知识的掌握又会促进能力的提高。能力是通过知识的掌握形成和发展的，没有知识就无能力的发展。反之，能力的发展也有助于知识的掌握。但是，知识不等于能力，不能以知识的多少来衡量一个人能力的高低。一个能力强的人，知识往往也比较丰富。但知识比较丰富的人，能力则不一定强。因此，不能用对知识的评定来代替能力的鉴定。在实际生活中常有知识面广、掌握信息多的人，却做不好工作。

人的能力总是与人的活动相联系的，表现在相应的活动中，如学习能力、认识能力、组织能力等这些都是指从事相应活动的能力。能力按倾向可分为一般能力和专门能力。

一般能力，是指人从事一切活动所必须具备的一些基本能力的综合。它包括认知能力、观察能力、记忆能力、思维能力、想象能力和创造力等。其中思维能力是一般能力的核心。

专门能力，是指特殊领域的能力，如音乐、绘图、艺术方面的能力。

在现实生活中，由于人们的先天素质（记忆力、理解力、表达力）不同，后天环境和教育以及从事的实践活动不同，人与人之间的能力存在着明显的差异。有的人先天素质就好，表现在记忆力、理解力、表达力很强，这些能力是其他能力，如学习能力、认识能力、组织能力、协调能力、想象能力、创造能力的形成和发展的基础。记忆力、理解力、表达力又可以在后天的经历、实践锻炼和培养中得到提高，从而构成了人与人之间的能力差异，其主要表现在：

(1)能力类型的差异

表现在人们的知觉、表象、记忆、言语和思维等方面的差异，表现在完成同一种活动时，不同的人可能采取不同的途径，或者完成同一种活动由能力的不同结合起来完成。

能力类型的差异只能说明一个人的能力特点，如记忆能力类，铁路机车乘务员、巡道工需要良好的视觉记忆；检车员需要良好的听觉记忆；车站广播员需要良好的口语表达能力。

(2)能力水平的差异

各种能力都有发展水平的不同，如“天才”是能力的高度发展。各种能力最完备的结合叫才能，一个人在某一方面有杰出的才能，一般称其为天才。

(3)能力表现早晚的差异

有些人的优异能力表现早或表现晚。就一般人来说，能力突出表现的年龄在人的中年。中年人年富力强，精力充沛，既有丰富的知识和经验，又有较强的抽象思维能力，思想敏锐，较少保守，勇于创新，开拓进取。少数人的才能在少年时期表现出来或到中老年时期才表现出来。

在现实社会中，人的能力的差异还表现在质和量的不同。在质的方面，表现在一个人具有某些特殊能力或几个不相同的能力的综合。例如，同是观察力，有的人在观察中侧重于分析，对细节感知清晰，有的人则侧重于综合的感知，获得事物的整体印象，而忽略细节。同样是记忆能力，有人有较好的机械记忆能力，有人则善于联系记忆。又如，两个领导者都有良好的组织能力，甲可能擅长于综合个人的技术能力、演说能力和人际关系能力等，乙可能擅长于综合调查能力、分析能力以及决策能力等。在量的方面，表现在能力发展水平和快慢上。记忆力好的人反应就快，这是因为他脑中存储的信息多，综合信息的能力强，能迅速做出反应，记忆力差的人，信息存储少，综合信息的能力弱，不能迅速做出反应，所以表现出反应慢。

二、个性倾向性

个性心理倾向，主要表现在心理活动的选择性，对事物的不同态度体验及各种行为模式上，是个性结构中最活跃的因素。它包括需要、动机、兴趣、爱好、情绪、世界观、信念、理想等。它们相互联系、相互制约，构成一个推动人的行为的动机系统。个性倾向是在后天的社会实践中形成的，变化较大，受生理素质影响较少。

（一）需　　要

对于人来说，需要是被感受到的一定的生活和发展条件，力求获得满足的一种内心状态，通常以欲望、意向的形式表现出来。需要是人的思想与活动的基本动力，它以一定方式影响人的情绪体验、思维和意志，使人由于需要的满足或不满足而产生肯定的情绪（愉快、欢乐、兴奋等）或否定的情绪（痛苦、紧张等）。

人的需要是各种各样的，美国心理学家马斯洛把人类的需要划分为五个层次：生理需要、安全需要、社会需要、尊重需要、自我实现需要。

1. 生理需要，是最基本、最原始的生存需要，是一种生理机能的需要。

2. 安全需要，包括生活稳定、身体健康、劳动作业、社会稳定、财产保险、出行安全的需要。

3. 社会需要，是指人与人之间的友谊、关爱的需要以及人对群体或组织归属的需要。

4. 尊重需要，是指人的自我尊重、自我评价以及尊重别人的愿望与需要。尊重需要得到满足能使人充满信心，对工作满腔热情。

5. 自我实现的需要，是指人们希望完成与自己的能力相称的工作，使自己的潜在能力能够充分发挥出来，成为自己所期望的人物。

以上五个需要是按次序逐级上升的，当下一级的需要得到满足时，就会追求上一级的需要。五个需要有高低之分，尊重需要、自我实现的需要是高级需要。五个需要既有有意识的，也有无意识的。有的人把某种需要看得特别重，如尊重、自我价值实现。

五个需要在相当程度上可以经过特定群体的生产或工作来满足。班组就是一个特定的群体。班组应该努力创造相互信任、相互支持、相互沟通、相互尊重和坦诚相见的氛围，尽可能满足班组成员的心理需要和基本物质需要，激励铁路客运服务人员的工作动力，使其有强烈而持久的工作能力，在为铁路运输安全、为旅客服务做出贡献中，展现自身的价值。

人的需要不是一成不变的，它随着社会的发展和变化而变化。人往高处走，水往低处流。当个人的需求发生向上的变化，应该充分理解或给予支持。

(二)动　　机

动机是推动并维持一个人从事某种活动的心理倾向或心理因素，是促使人为满足自己的某种需要去从事一种活动的内在原因或直接动力。

需要决定动机，动机支配行动，行动产生结果。动机具有内隐性，有人可以把真实动机隐藏得很深，动机又具有过渡性，有人可以“明修栈道，暗度陈仓”，曲线实现真实动机，动机可以以斗争转变更替，又可以在实践中强化和弱化。实践是考察真实动机的唯一途径。

动机是行为的内在动力，它决定一个人工作的努力程度和行为效率。一位铁路客运服务人员说得好：“咱干的就是这样的工作，不能让旅客失望”。这是多么明确的动机。

(三)兴　　趣

兴趣是指一个人积极探究某种事物的认识倾向。兴趣是在社会实践中发生、发展起来的。事业心强不强在很大程度上取决于对事业的兴趣大小，有了兴趣才能产生动力，在行动中才会心甘情愿地忍受劳苦，并努力克服困难完成任务或实现目标。

广泛的兴趣是能力发展的基础，兴趣的最高境界是达到“迷”的程度，如歌迷、影迷、球迷、戏迷、集邮迷，等等。一个人对职业若能达到“迷”的程度，他就会自觉地做好本职工作，甚至达到废寝忘食的状态和精益求精的程度。相反，若对此项工作没有兴趣，打不起精神，勉强应付，则会产生不愿意做的想法。

（四）爱　好

爱好是指一个人对某些事物、活动和经验持肯定态度并产生积极行为的心理活动。如某个人很喜欢钓鱼，又常利用业余时间钓鱼，这就是他的一种爱好。喜欢搞点小发明也是一种爱好。

人的爱好可按以下两种方法分类：首先，根据爱好的社会价值和爱好对劳动者身心健康的影响，可以把爱好分成积极型爱好和消极型爱好。其次，根据爱好是否与职业有关，可以分为职业爱好和业余爱好。

兴趣和爱好的关系十分密切，常统称为兴趣爱好。兴趣导致了爱好，爱好反映了兴趣，也就是说一个人先有兴趣后有爱好。观察、了解了一个人的爱好后就能知道他的兴趣。爱好的基础是兴趣，兴趣的发展是爱好。没有不感兴趣的爱好，没有发展到爱好程度的兴趣，其作用较微弱。

对某种职业感兴趣，就会达到热爱的程度。职业兴趣是可以在实际工作中培养起来的。如果班组有一个培养铁路客运服务人员对铁路客运服务工作热爱的氛围，职工通过实践，加深了对铁路客运服务工作的意义、性质、作用的认识，并能熟练掌握操作技能，胜任本职工作，体现出自己的价值，就会对客运工作产生兴趣，达到热爱的程度，就会干劲十足，并克服困难，自觉地做好工作。

（五）情　绪

情绪是人对反映内容的一种特殊的态度，它具有独特的主观体验和外部表现，并且总是伴随有植物性神经系统的心理反应。人的情绪表现有多种多样的不同形态，同一种东西，同一种景色，同一件事，同一个人，会有不同的人产生不同的情感体验，如喜、怒、哀、乐、忧、愤、爱、憎等不同形态表现。

心理学把情绪分为 3 种，即心境、激情、应激。

心境，指心情，是一种微弱、平静而持续时间较长的情绪状态。如心情愉快、舒畅或心情烦闷、抑郁。培养良好的心境，克服消极的心境，与人的意志、性格的锻炼有着密切的关联。

激情，是指一种强烈的、爆发性的而时间比较短暂的情感，如狂喜、暴怒、痛苦等。人可以以坚强的意志品质，克制自己，控制激情的爆发或减弱，或者转移注意力避开爆发。

应激，是指出乎意料的紧迫情况所引起的急速而高度紧张的情绪状态，这种反应有时表现在对自身机体的保护。适度的应激反应能使人精力旺盛、思维清晰，是健康生活的必要条件，自然也是安全的条件。但是强烈、持久的应激状态，会击溃机体的生物化学保护机制，使人的活力和抵抗力下降，容易受疾病侵袭，安全自然有了隐患。人保持适度的应激状态，需要熟练的知识、技能以及丰富的经验积累，需要迅速判断和决策能力及果断、坚强的意志力，这些需要在实践锻炼中逐步养成。

在铁路客运服务过程中，车站铁路客运服务人员面对众多旅客，经常会有突发事件、令人不悦的情况发生，此时车站铁路客运服务人员必须保持平和的心境和耐心，调整和控制好情绪，保持为旅客服务的热情，镇静、果断、有效地迅速处理。

(六)世 界 观

世界观是关于自然、社会以及人类思维的观点体系，也就是一个人对整个世界总的看法和态度。世界观是一个人的个性心理的核心，是个性意识倾向的集中表现，它调节着人的重要行为。如果某种思想观念一旦形成，就会成为一个人分析、论证和评价客观事物的主观框架或思维定式。当然要确定一个人的世界观，不但要看他的观念和态度，更重要的是看他的行为。

(七)信　　念

信念,是指一个人坚信某种认识的正确性,并经常用来支配自己的行为的个性倾向。信念是认识过程、情感过程和意志过程相结合的产物。一个人坚信了某种认识的正确性后,就会对这种认识产生一种强烈的、深刻的情感和热情,千方百计地去维护它、捍卫它,并力图使其他人也赞成这些认识。信念能使一个人迸发出坚强的意志,忍受各种痛苦的折磨,甚至甘愿献出自己宝贵的生命为之奋斗。

(八)理　　想

理想,是指人生奋斗的目标,是人们对未来的向往和追求。理想是与个人愿望相联系的。例如,想成为一名优秀的铁路客运服务人员或劳动模范,他就会把成为优秀的铁路客运服务人员或劳动模范作为自己奋斗的目标,在工作中精益求精,千方百计提高自己的能力和工作质量,为事业多做贡献,实现自己的理想。

理想与现实生活又有密切的联系,是以客观现实的规律为依据的,一般通过努力是可以实现的。也就是说,需要、动机、兴趣、爱好的有机结合过程,会逐渐形成人的理想、价值观,确立奋斗目标,并努力去实现。此外,影响一个人理想形成的主要因素有:父母、老师的言传身教,文化工具的影响、诱导,各种伟人的榜样示范,周围人们的言行影响等。自己可以通过实践感受与比较,选择适合自己气质、性格的职业,从而确立自己的奋斗目标。

通过以上心理学知识的学习,一是懂得自己是怎样的一个人,并能注意培养自己具有鲜明个性的优雅的气质,在遇到困难、挫折、委屈、误解或高兴的事情时要学会控制自己的情绪,及时调整心态,注意问题的解决方式,扬长避短,发挥积极一面,克服或抑制消极一面。二是增进对旅客旅行心理需求的理解,树立正确的服务观,努力提高自己的工作能力和工作效率,提高处理人际关系的能力,做好服务工作。

三、需求分析

人的需求是人的本性，决定着人的行为，是人参与活动的内在动力。不同的旅客有着不同的心理需求。旅客在车站、列车上的心理和需求与在其他场合的心理和需求是不一样的，带有特殊性。一个人从购买车票、进站上车到目的地下车、验票出站，在这段时间内就成为一位旅客，其心理活动和行为往往会表现出不同于其平时的表现，如安全、顺利、快捷、方便、舒适、经济、安静等心理需求比较突出。按照人类需求发展的规律性和层次性，仍然可以把旅客旅行心理需求分为两大类：生理需求和心理需求。

生理需求，也称为物质需求，包括吃、住、用等方面，要求安全、舒适、方便、卫生。人们出门在外，首先顾虑的就是身体的安全和健康，只有这样才能顺利进行旅行活动并到达目的地。人们离开家门时，亲人、朋友都会预祝其“一路顺风”，意思就是平平安安到达目的地。这充分表明了人们把安全需求放在头等重要的地位。如果安全等普通生理需求得不到满足，将是无法忍受的，会导致不良情绪的产生，使其烦闷、焦躁不安，会对铁路不满。

心理需求，也称为精神需求，是除了生理需求之外的其他需求部分，要求得到别人的关心、尊重、理解。特别是铁路客运服务人员的关心、理解、尊重对旅客旅行愉快至关重要。

(一)旅客心理需求的表现

1. 总体表现

(1)安全心理

旅客最根本的心理需求就是对安全的需求，它包括人身、财产两个方面的安全需求。所谓“一路平安”就是希望出门旅行这段时间内，人身、财产完好无损，没有意外事故发生。为保证自身旅行安全，旅客会综合考虑社会治安状况，再结合近期自然天气情况，分析交通运输工具特性等，做出是否旅行、选择哪种交通运输工具旅行的决定。

安全是铁路运输企业取信旅客最核心的要素，也是铁路运输同比其他运输领域最强大的竞争力。旅客希望铁路运输企业管辖范围内有良好的治安秩序，能得到安全庇护。因此，在旅客运输服务过程中，努力实现旅客旅行安全心理需求，是所有铁路客运服务人员的首要工作。这就要求铁路运输部门加强社会、铁路沿线、车站和列车的治安管理，从技术装备上提高运输载体的安全性，从安全管理上提高铁路客运服务人员对不安全因素的预测和及时处理的能力。

(2)经济心理

经济心理表现在旅客愿意为旅行所付出的费用、时间，与自身对旅行的设想预期、满足程度的平衡。一般来说，旅客都希望付出最少的费用和时间，得到更大程度的满足感。费用方面，旅客会综合计算各环节交通工具的花销；如果是公司报销，还会考虑是否在公司报销的限额范围内。时间方面，如果是商务人士，即便多花费，也希望能压缩旅行时间；如果是老年人，对时间要求则不明显，他们更希望旅行花费少、舒适度高。但不可否认的是，随社会经济的发展，人们时间观念也发生了较大转变，因此，铁路运输企业需要在提高列车运行速度、缩短旅行时间上做进一步优化调整，减少长时间旅行带来的旅行疲劳。

(3)顺畅心理

送亲友出门旅行时，除了祝福他“一路平安”外，常说的另一句话就是“诸事顺利”，讲的是旅行中顺利、顺畅的问题，这也是出门旅行者的一个共性心理需求。其表现在，旅客能够顺利地买到自己所需的车票，并按照车票信息顺利上车；在列车上顺利找到位置，按照预计时间顺利中转换乘或到站出站，这就是旅客对旅行顺利、顺畅的需求。但如果旅客在车站安检时，被要求必须放弃部分携带物品，在检票口不能顺利过闸，电梯故障导致旅客在站内走线距离长等，有这样超出旅客预计的事情发生，则会让旅客产生焦虑情绪，容易对铁路客运服务产生不满。

(4)方便心理

方便的需要表现在购票、进出站、上下车以及中转换乘等方面的便捷性。“方便”要求减少旅行中的各种中间环节，达到“快捷”的目的。旅客出门旅行，希望处处能够方便，这是一种很普遍的共性心理。在车站，旅客随时可以购买到生活必需品，需要帮助时，随时可以找到工作人员。方便旅客让旅客心情愉快，旅客对铁路服务工作就会满意。

(5)舒适心理

随着人们生活水平的提高，旅客对旅行品质、舒适度的要求越来越高，它包括对乘车环境、文化娱乐、饮食质量、休息睡眠等内容的要求相应提高。旅客要求候车环境卫生、整洁、舒适、安静，甚至把候车环境当作一种消费享受来看待。如果候车室里污秽脏乱、异味弥漫、吵闹喧哗等都会导致旅客心情烦躁、周身难受。特别是在列车大面积晚点时，候车室旅客、工作人员聚集，旅客活动范围缩小、车站广播宣传频次增多等因素都容易使旅客感到心情烦躁，容易诱发疾病甚至产生幻觉，行为异常，因此，车站提供舒适的环境是十分重要的。

(6)尊重心理

尊重的需要包括自我尊重和得到别人的尊重。每一位旅客都希望自己的民族国籍、风俗习惯、兴趣爱好、理想信仰受到尊重，被尊重是人心理层面很重要的需要。旅客希望能看到热情的笑脸，听到友善的话语，感受到铁路运输企业对自己的尊重。旅客在列车上，希望铁路客运服务人员热情而有礼貌，不说粗话、不讲脏话，说话态度诚恳、和蔼，使用适当的尊称。再具体地说，对经济收入不高而求廉价的旅客，铁路客运服务人员不能流露出丝毫看不起的神态；对生理有缺陷的旅客，铁路客运服务人员不能有嘲笑歧视的态度；对有过错的旅客，铁路客运服务人员也应给予更多的理解和包容，沟通也应以解决问题作为出发点；此外，西方人忌讳“13”这个数字，同他们交谈应尽量避开。

2. 过程表现

在车站，旅客的需要表现在人身及行李物品安全、环境舒适、饮食方便，候乘时的休闲娱乐需求，对铁路客运服务人员、服务品牌、服务项目的预先了解等。主要表现为以下几个方面：

(1)购票

购票心理主要表现在两个方面：

①购票前的心理，反映在对乘车线路、车次及始发终到时间、购票时间、购票地点、购票手续、车票紧张情况等旅行信息的了解方面。

②购票时的心理，反映在对旅行信息的进一步了解和掌握上。希望售票窗口按时售票，有良好的秩序，排队不要太长时间，售票员服务热情，售票准确无误，能够买到符合个人要求的乘车日期、车次、到站、座别的车票。希望有预售、送票等多种服务项目。

(2)去车站

考虑从住地到达车站所需要的时间，以及市内交通工具的选择。旅客常常担心赶不上车，所以总要提前一段时间到达车站。

(3)进入车站及上车

在车站等候上车时的心理活动表现为多种形式，主要反映为：

①能否顺利进入车站。

②希望办理物品托运的手续简单、迅速、准确；在一个地方一次能够办完所有托运手续，不必增加搬运次数。

③希望检票地点明显，寻找到候车地点，希望候车场所清洁、温度适宜、空气清新、照明充足、各种揭示牌简明，广播明了、清楚等。信息不清楚时希望能够一次性得到清楚、正确的回答，害怕铁路客运服务人员态度生硬，回答不耐烦、不清楚等。

④候车旅客多时，担心进站拥挤，希望能按时、有秩序地排队检票进站上车。

⑤漏乘时能得到车站及时处理。

(4)到站下车及出站

如果旅客到达目的地车站后，考虑到托运物品的提取、城市交通工具的选择、饮食、旅馆等方面。希望能够有秩序、迅速出站；有亲友接站的旅客,希望能够很快见到迎接的亲友。

(5)继续乘车旅行

如果旅客在到站作短暂的停留之后继续乘车旅行,需要解决中转签证或重新购票,以及在停留地的住宿、饮食等方面的问题。

在非正常情况下,车站工作人员有能力组织旅客逃生、开展紧急救助,事后也能妥善处置后续事宜。

(二)旅客个性心理的分析

由于每个人的个性心理特征、文化素质、年龄、性别、经历以及出门旅行的目的不同,会有不同的心理活动的表现,需要对不同类型的心理进行有针对性的服务。

1. 影响因素

(1)环境因素

人生活在一定的环境之中,离不开环境的影响和制约。旅客将自己的各种生活习惯带到火车旅行中来,势必影响旅客旅行中的心理活动与行为,提出各种各样的需要。其中经济环境对旅客旅行工具的选择,旅行中需要的种类及其满足的程度等方面起着重要的影响。

(2)个人因素

在个人的成长过程中,受环境的熏陶、教育以及在个人的发展中所形成的社会地位和身份,使每一个人形成具有相对稳定性的心理特征。这种条件在交通行为的过程中,会影响旅客的心理活动及其行为的结果。

(3)群体因素

旅客因旅行目的而形成一个群体,旅客之间在旅行的过程中必然要相互作用、相互影响、相互制约,从而产生旅客群体的一些心理特征和需要。

(4)运输工具及服务因素

运输工具的舒适性、经济性、安全性、快捷性,以及运输部门所提供的服务质量,影响旅客对该运输工具的选择。

2. 旅客个性心理分析

不同气质的旅客，其心理特点也不尽相同，具体表现为：

(1)好奇型心理

好奇型心理的特点是：好看、好问、好动，对旅行过程中发生的事情都觉得新鲜、惊奇，这类人多属出门比较少或初次出门旅行。对好奇型心理的旅客，对他们的询问要有耐心地回答和解释，主动地多给他们介绍一些旅行常识和安全注意事项，让他们满意。他们也好动，因而要劝他们注意安全。

(2)文雅型心理

文雅型心理的特点是：有一定的文化知识，知识比较广泛，有一定的修养，也善于言谈交际，多为知识分子和机关工作人员。对文雅型心理的旅客，在和他们交谈时，要注意言行举止，文明礼貌。

(3)活跃型心理

活跃型心理的特点是：喜欢活动，好交际；喜欢聊天，打听各种新鲜事，对人热情大方，乐于助人。他们情感外露，变化多端，经常处于兴奋状态。在服务工作中，尽量满足他们喜欢交往、爱说话的特点，也可以发挥他们助人为乐的特点，帮助有困难的旅客。

(4)满足型心理

满足型心理的特点是：无过多过高的要求，能体谅车站铁路客运服务人员的工作，容易满足。对满足型心理的旅客，主动地给予照顾和关心，达到他们的要求即可。

(5)安静型心理

安静型心理的特点是：多数年龄较大，身体不太好，动作、反应较缓慢，易于疲劳，喜欢安静。对安静型心理的旅客，特别是年龄大的，应给予较多的关心和重点照顾。

(6)焦躁型心理

焦躁型心理的特点是：情绪不稳定、焦躁不安、神经紧张，易亢奋。对焦躁型心理的旅客,应相机行事,给予关心开导,但接触不宜过多,注意观察其动态,以防发生意外。

(7)挑剔型心理

挑剔型心理的特点是:性格外向,说话尖刻,不善解他人,好挑剔。对挑剔型心理的旅客,要有耐心,控制自己情绪,尽量做好服务工作,虚心接受其正确意见,对过分的挑剔,采取宣传教育策略,提高素质和修养,使之正确对待列车服务工作。

(8)变态型心理

变态型心理的特点是:态度蛮横,言行粗俗。变态型心理的旅客虽然为数极少,但亦应高度警惕防止意外事故的发生。

(9)急躁型心理

急躁型心理的特点是:对人热情、感情外露、说话直来直去,言谈中表现自信,容易激动,喜欢争论,争强好胜,评价容易走极端、绝对化。对他们的服务,要注意谦让,不要激怒他们,不去计较他们冲动的言语,一旦出现摩擦,应尽量回避。

(10)稳重型心理

稳重型心理的特点是:自我控制能力强,说话做事深思熟虑,力求稳妥,不慌不忙,会安排自己的生活,不愿意打扰别人,感情很少外露,喜欢安静的环境。因此铁路客运服务人员对他们的服务除了做到热情周到外,介绍或交代事情时,注意讲话的语气和速度,不要啰唆,应简单明了。

了解了旅客的个性心理,就可以提供有针对性的服务。

(三)从旅行中特定情景分析

1. 没有买到票,但又想乘车的旅客。这些旅客想方设法争取上车。铁路客运服务人员应理解他们的心情,了解这些旅客急于上车的原因,如确有急事,应采取灵活机动的方法,允许上车后补票。

2. 上错车、坐过站、下错车、中途漏乘等旅客。旅客在旅行中发生这方面的失误,旅客本身有一定的责任。但从另一方面,也反映旅客运输服务中出现的一些问题，服务做得不周到、不细致。在发生此类情况后，旅客心情焦虑、慌乱，希望铁路客运服务人员帮助妥善安排。铁路客运服务人员应一边安慰，稳定情绪，一边积极想办法帮助解决，防止发生其他意外。

3. 列车晚点积压在候车室的旅客。在列车大面积晚点的情况下，会带来许多问题。如候车室内拥挤、无候车椅就座、广播宣传和人工宣传频次增多。这种情况下，旅客有怨气、心情烦躁，旅客时间越长表现得越严重。这时，应注重候车室的环境，保持适当的通风、调节适宜的温度，做好对旅客的组织，维护候车室内秩序良好。

4. 携带危险品进站上车的旅客。这类旅客主要有以下两种情形：

(1)不知自己所携带物品为危险品，误带上车，看到、听到严禁旅客携带危险品进站上车的宣传后，犹豫不决，不知如何处理。

(2)旅客有意将危险品携带上车，他们担心被查出，对铁路客运服务人员有害怕心理。铁路客运服务人员对那些在乘车时表观犹豫、徘徊、坐立不安的旅客，应主动观察和询问，既可以查出危险品，防止意外事件发生，又可以了解到其他情况，提供适当的服务。

5. 丢失财物的旅客。旅客丢失财物后，表现出着急、焦虑、埋怨、后悔、心情沉重、不知所措等心理活动和行为。铁路客运服务人员要对丢失财物的旅客进行安慰，注意旅客的动态，防止发生意外，同时积极配合公安人员寻找、破案。

6. 违章乘车的旅客。有时会出现旅客买站台票乘车、买短途票乘坐长途车、不买票乘车、借用公用乘车证乘车、越席乘车、持无效票乘车、携带禁限物品乘车等情况。面对以上旅客，铁路客运服务人员要分析问题产生的原因，判断是属于有意识还是无意识的行为。如果属于有意识行为，这些旅客通常表现的惊恐不安、怕被发现。铁路客运服务人员应坚持原则，按章办事，在处理中注意态度。

7. 对旅行条件不满意、不如意的旅客。在旅客旅行过程中，总会出现一些对旅行条件不满意的事情，如未购买到预想的车票、未购买到卧铺车票、托运行包受到限制、餐车用餐时对饮食或服务不满意等。在这种情况下，常表现出埋怨、气愤、不满等情绪。对此，铁路客运服务人员一方面检查自己工作中存在的问题，采取适当的方法改进；另一方面应耐心解释，争取得到旅客的谅解。

8. 遇到意外事件的旅客。遇到意外事件可能由两方面原因造成：一是旅客原因造成的意外事件；二是旅客运输服务部门的原因造成的意外事件。无论是什么原因造成的意外事件，凡超出旅客心理预期，都会导致旅客焦虑不安，心情烦躁。若是铁路部门造成的意外事件，如发生列车行车事故，旅客会希望运输部门尽快排除险情，恢复列车安全运行。铁路客运服务人员应沉着、冷静，稳定旅客情绪，积极妥善处理。

9. 临时患病的旅客。旅行中，旅客突发急病，或孕妇旅客突然分娩，本身痛苦、着急、忧虑，急盼工作人员帮助，这时铁路客运服务人员要为之寻医送药，妥善处置，有条件时允许在较大车站下车送医院处置。

(四)旅客心理的服务应用

1. 判断旅客心理活动的基本要求

(1)要有明确的思想基础。铁路客运服务人员要具备全心全意为旅客服务的思想，有明确的服务观，有努力实现文明服务、礼貌待客的愿望。在实际工作中，要自然而然地、主动地去探索和了解广大旅客的心理活动与需求，而不满足于一般化的服务。

(2)要有正确的分析和判断能力。铁路客运服务人员在探索和了解一部分旅客的心理活动与需求之后，还需通过分析和判断，达到正确掌握的程度，才能实现有效的、良好的服务。铁路客运服务人员对掌握的心理现象能做出正确的判断，才能更好地满足旅客的心理需求。

(3)要有细心、耐心的工作态度。掌握旅客心理，探索服务规律，还要细心观察。只有细心和耐心，才能正确掌握旅客心理，更好地做到优质服务，这个道理是再明显不过的。

(4)要具备一定的科学知识。研究掌握旅客心理，还需要具备许多科学知识，需要熟悉社会生活，要熟悉铁路客运业务知识，要懂得有关心理学、服务学、美学、语言学、政治经济学等学科的一些基本科学知识。所以，各级客运部门应高度重视，有计划、有目标地通过各种途径，努力提高职工素质，以适应提高服务水平的迫切需要。

2. 掌握旅客心理活动的具体方法

(1)从旅客的外表、服饰、携带品可以识别旅客的职业、民族和旅行目的。例如，军人穿军服，警察穿警服，少数民族穿民族服装，公出人员带公文包，长途贩运者携带大包、大兜装商品，旅游人员行李简单等。

(2)从旅客的外貌、形象和动作，可以识别性别、大体上的年龄、身体是否有重病或残疾、性格是否好动、是否为外籍旅客等。

(3)从观察旅客的表情、神态，分析判断其心理活动。如有急切心理的旅客坐立不安，心慌意乱；有忧郁心理的旅客，愁眉苦脸，闷闷不乐；有取巧心理的旅客，精神紧张，回避工作人员等。

(4)通过接触、交谈，可以听出旅客是哪儿的人，从哪儿来，听出旅客的性格、情绪，对运输服务企业有哪些意见和要求，注意有掩饰心理的旅客，在言谈中是否给人以假象等。

3. 改进旅客服务方式的优化措施

(1)变体力型为智力型。为满足旅客旅行中物质和精神上的需要，铁路客运服务人员不仅要付出大量的劳动来服务旅客，同时，还须观察、了解旅客个性心理特征，分析、判断每个旅客的具体心理需要，并想办法给以满足，使他们高兴而来，满意而去。这是一项创造性的工作，一种高层次的服务，必须运用、开发铁路客运服务人员的智力，使铁路客运服务人员成为智力型的铁路客运服务人员。

(2)变单一型为综合型。旅客除了购票、托运行李以及对旅行安全及生理等物质方面的需要外，还有一种精神范畴的高级需要，即社交和文化需要。精神需要的服务，有着广泛的领域、极其丰富的内容，是铁路客运服务工作的重要组成部分。

(3)变执行型为需要型。旅客的心理需要是发展变化的,并且因人而异,越是高层次服务,其差异性也越大。因此,要实现优质服务,还必须从旅客的需要出发,根据旅客的不同需要,进行针对性的服务,从执行型过渡到需要型。

(4)变传统型为科学型。铁路客运服务工作有其规律性,与心理学、社会学、管理学、旅游学、历史学、地理学以及组织学等有着密切的关系。由传统的服务方式向科学型转变,无疑是搞好针对性服务的一个重要方面。

4. 其他应注意的问题

(1)人们的心理活动表现为抽象和具体的两个方面。铁路客运服务人员要满足旅客的旅行心理要求,不能仅凭直觉,必须有针对性的确认并掌握旅客的具体心理,这样的服务才有生命力,才会达到满意的效果。要掌握旅客在旅行中的具体心理,就要求铁路客运服务人员把服务工作做深做细,不断增强责任感,才能无愧于自己的职责。

(2)铁路客运服务人员还要注意从铁路客运的实际出发。某个车站和某次列车,经常吸引的客流都是有规律的。既然有规律,就有其客流特点,铁路客运服务人员要根据客流特点,来分析旅客的心理活动,以便更好地做好自己的日常服务工作。

(3)铁路运输企业既要掌握重点旅客的个性化需求,又要考虑到大众旅客的普遍性需求,这都是为了要在有限的空间和时间内,把铁路旅客运输服务工作尽力做得更具体些、更有实效些。掌握重点和考虑全面是对立的统一,只有同等重视、不偏不废,才能更好地实现优质服务,达到满足旅客运输需求的目的。

第二节　有效沟通

所谓沟通是人与人之间交流意见、观点、情况和情感的过程或载体,这一过程是通过语言和非语言行为来完成的。铁路客运服务人员在日常工作中经常需要和旅客进行沟通。沟通是一门艺术，需要一定的方法和技巧，但是要注重对对方的尊重，尤其是客运工作，最注重“旅客的利益放在第一位”的原则，这是和旅客沟通的核心内容。沟通要本着相互平等、相互尊重的前提进行，这样的沟通才能收到良好的效果，因此，沟通双方应注意礼貌礼节。

所谓有效沟通，是通过听、说、读、写等载体通过演讲、会见、对话、讨论、信件等方式，将思维准确、恰当地表达出来，以促使对方接受。达成有效沟通须具备两个必要条件：首先，信息发送者清晰地表达信息的内涵，以便信息接收者能确切理解；其次，信息发送者重视信息接收者的反应并根据其反应及时修正信息的传递，免除不必要的误解，两者缺一不可。

有效沟通能否成立关键在于信息的有效性，信息的有效程度决定了沟通的有效程度。信息的有效程度又主要取决于以下两个方面：

(1)信息的透明程度。当一则信息作为公共信息时就不应该出现信息的不对称性。信息必须是公开的。公开的信息并不意味着简单的信息传递，而要确保信息接收者能理解信息的内涵。如果以一种模棱两可的、含糊不清的文字语言传递一种不清晰的、难以使人理解的信息，对于信息接收者而言没有任何意义。另外，信息接收者也有权获得与自身利益相关的信息内涵，否则有可能导致信息接收者对信息发送者的行为动机产生怀疑。

(2)信息的反馈程度。有效沟通是一种动态的双向行为，而双向的沟通对信息发送者来说应得到充分的反馈。只有沟通的主、客体双方都充分表达了对某一问题的看法，才真正具备有效沟通的意义。

一、有效沟通的特点

(一)及时、准确、清晰

沟通是信息互通的过程，在这个过程中，信息传递的及时性，准确性和清晰度直接影响沟通的效果。铁路客运服务具有突出的时效性，及时、准确地通告列车进出站的时间，站台、停留时间等信息，对于服务工作的顺利开展起着至关重要的作用。面对旅客提出或可能遇到的乘车方面的各类问题，铁路客运服务人员都应能够及时、准确地给与解答和协助。服务沟通的过程中，语言表达的清晰与否直接影响着信息传递的准确性。

(二)双向、多层次沟通

铁路客运服务是铁路客运服务人员与旅客之间的一种双向交流过程。在服务过程中，旅客并不是完全处于被动地位。旅客可以通过观察和询问来评判铁路客运服务的水平，或者表达自己对铁路客运服务的要求与意见。铁路客运服务人员也可以通过旅客的反应来判断旅客的价值标准、态度偏好，以及对自己服务态度、服务表现的满意度。在服务的过程中，铁路客运服务人员与旅客之间不断地信息互递，不断地增加修改信息的内容，反复地进行双方意见的互换，最终双方的意见趋于一致，实现有效沟通。

二、有效沟通的关键

(一)端正服务沟通的心态

态度决定一切，态度是沟通的第一生命。好的态度让沟通达到事半功倍的效果；有问题的态度则会让沟通无法正常进行，甚至恶化双方的关系。在沟通中，铁路客运服务人员应当采取积极主动、不卑不亢的态度，依据规章，也考虑情理，最终达到沟通的最佳效果。

正确的铁路客运服务需要主动沟通的心态，主动沟通首先是满足旅客的知情权。主动沟通还可以避免旅客误会，化解矛盾，将危机消灭在萌芽状态。因为沟通产生理解，理解产生信任。信任是协调客我关系、处理客我矛盾的基本前提。有信任，双方才能更好地处理和解决问题。信任不是平白无故产生的，尤其是让旅客信任铁路客运服务人员，这需要铁路客运服务人员能够主动、及时地尽到提醒、告知、帮助、关怀旅客的义务。

(二)减少服务沟通的障碍

沟通的过程中，会有很多障碍干扰沟通的顺利进行。从障碍产生的主体来看,大致可以分为两类:一是沟通的人之间存在交流障碍(即个人障碍);二是行业组织内部制度存在的阻碍信息传递的渠道障碍(即组织障碍)。组织障碍不在本书的探讨范围之内。

以下内容主要对铁路客运服务人员与旅客之间存在的沟通障碍进行分析。

1. 语言障碍

铁路运输行业接待众多不同地域的旅客,旅客使用方言和外语,给服务沟通工作带来了一定的困难。所以铁路客运服务人员应当根据自身工作地域接待旅客的特点,学习和掌握方言、外语,为更好地服务旅客做好准备。

2. 表情障碍

沟通除了语言信息的传递之外,还包含了神态、姿态等非语言信息。人们常说的察言观色就是指非语言信息对沟通的重要影响作用。很多时候,除了语言上的不礼貌之外,眼神、目光、身体姿态等表现也会传达侵犯的意思,让旅客感觉心理上难以接受。

3. 文化障碍

文化背景障碍往往是人际沟通中最大的障碍。在铁路客运服务沟通中,文化障碍的阻力主要体现在两个方面:一是旅客的文化层次,身份地位,职业背景等的差异,让铁路客运服务人员面对不同的旅客时,同样的沟通方式往往会有不同的效果;二是旅客与铁路客运服务人员之间彼此之间存在文化认同、行为习惯等方面的差异,特别是对铁路客运规章和服务标准理解上的分歧,可能会导致双方沟通障碍。

4. 经验障碍

过去的经验在某些时候可以帮助铁路客运服务人员解决服务沟通中的问题,所以行业内容易形成普遍的经验理论,尤其是对旅客的习惯性认知、判断,但是面对不断变化的时代和人群,过去的经验容易让铁路客运服务人员固执己见,甚至形成偏见,这时候的经验就会成为服务沟通的障碍。

5. 情绪障碍

不论是旅客，还是铁路客运服务人员，都是会有情绪波动的。情绪的变化又会影响人的正常思维和行为。当人们处于压抑、痛苦、悲伤、愤怒、激动和兴奋的不同情绪状态时，与他人相处的方式、态度、行为都会发生变化。当情绪的变化对行为产生负面影响时，人们之间的沟通就会产生障碍。

6. 媒介障碍

此外，沟通还会受到信息传递渠道及媒介等因素的干扰。如果一味延续使用传统的视听设备进行宣传，会阻滞信息的广泛传播。铁路服务行业应当选择适应时代发展，迎合旅客需求的新媒介，如微信平台等，来实现信息的传递和传播。

(三)避免服务沟通的雷区

在日常生活和工作中，人们需要与各种不同层次的人沟通，如果发现自己与人交流沟通不当，想一想是否因为自己没能重视沟通。有了良好的沟通，办起事来就畅行无阻。沟通涉及获取信息或提供信息，对他人施以影响以理解你的意图，并愿意根据你的愿望行事。然而，许多问题都是由于沟通不当或缺少沟通引起的，结果会不可避免地导致信息被误传或误解。我们应该在工作中避免以下几种行为：

1. 直接批评指出错误

沟通的目的是相互提升和维护人际关系的圆满。如果能够发现对方的错误，并且用委婉适当的方法告诉他，一般情况下对方是会欣然接受的，因为接受指正可以让自身变得更好，对方可能会感激你，甚至钦佩你，双方关系更亲密、融洽。不分场合、不修言辞的直接批评指出错误，就可能让谈话气氛尴尬，甚至使对方产生敌对心理。人们往往担心指出一个人的错误会让对方不高兴，所以在别人的错误面前保持沉默，选择无视错误，“事不关己高高挂起”。这样的处理方式也是不可取的，长此以往容易导致错误越演越烈，酿成无法挽回的后果。因此，当发现对方有错误时，应当顾忌对方的感受、注意表达形式、利用合适的时机指出来。

2. 太快做出简单评价

在遇到事情时，有些人常会凭直觉或经验做出一个判断和评价。当对方叙述某件事情时，总是急于说出自己的意见，总喜欢给别人一个“好”或者“不好”的评语，就好像意见是价值判断的原点一样。

当评论别人时，就已经自认为取得了评价别人的资格。然而，任何人都会对一个姿态高高在上的人感到反感。谈话的地位是平等的，对方可能只是想谈某个关于自己的问题，并不是需要一个评价（他自己可能已经有这个评价）或如何解决问题，也可能他只是需要一个陈述发泄的渠道而已。

另外，当不得不发表自己的意见，对别人进行评价时，当然不应该隐瞒自己真正的想法。但如果只是“你是一个好人”或“你说得好”这类不痛不痒的评价，不仅不会使对方满意，也可能让对方变得不重视你的想法。因为这也表示你并不那么重视对方。因此，你必须针对需要具体评价的事，真正地“就事论事”，不敷衍，也不针对任何一个人。在评价一件事情之前，不能带有任何成见，更重要的是，无法仅从一件事就能对某人进行简单的评价。

3. 盲目对别人说教

有些人总喜欢告诉别人应该这么做，不应该那么做，这样做是明智的，那样做是错误的、愚蠢的。他们总是自认为知道的比对方多，看得比别人清楚，因此完全有资格去告诉别人应该怎么做。如此一来，常常让一般的谈话变成了课堂对话，双方的角色也变成了老师和学生。

有时候，他们并不了解对方做一件事情的原委和情况。当别人犯错时，他们总喜欢用过于简单的道理说明对方做得并不正确。但其实应该试着从别人的角度看问题，这样也许就不会想说教，而更加倾向于使用理解、尊重和欣赏的方式和对方互动。就算真的想要帮助别人，也尽量不要用说教的方式令人不快。

4. 自以为懂别人心理

有些人经常对别人说“你知道得不够”或者“你想太多了”。即使他们并没有受过专门的心理训练，也觉得自己有一种天生的心理学家的本领，并且认为这样是正确的。要知道，即使是心理学家也并不是仅仅从表面上的判断就能推测出每个人的心理状态，而是必须结合相当多的事实，才能谨慎的得出结论。所以，不要在没有太多事实依据时无端地推测对方的心理，否则还可能因此让对方感到不悦。多数情况能够看到的多是现象而已，只有透过这些现象，才有可能读懂一个人在想什么。

5. 说话“直肠子”

有的人经常说：“我是个直肠子，说错话请大家别见怪。”好像以为说完这句话就能毫无顾忌地犯错一样。尽管对方可能会鼓励：“有话就直说。”事实上，常因这样的说话方式和别人产生芥蒂，甚至发生激烈冲突。

当谈话进行时，气氛看似融洽，但之后你可能很惊讶地从他人口中听到对方其实并不满意这次谈话。这说明了“直肠子”并不真的对沟通有帮助，实际上甚至破坏了双方的关系，只是当时对方碍于情面没表现出来而已。直接指出对方错误会在不自觉的伤害对方。同时，也可能在不适当的场合说了不适当的话，而对别人造成伤害。所以，谈话中要尽可能委婉地表达想法。

6. 将意愿强加于人

需要别人做某件事时，用非常肯定的语气告知对方，用“命令”的口吻，让人感到毫无商量余地；想要别人同意你的意见时，采取不容置疑的态度去取得他人同意。整个过程中，你看起来像是在与对方商量，但对方并没有表达意见的机会。

这两种形式给人一种威慑的力量，使对方无法反对你的意见。前者，对方会做你交派的事，但不会全力以赴，并且只希望这件事情尽快结束。后者，对方其实没有机会提出不同意见，你们只是表面上达成了一致。要让人为你做事，需要赢得他们真正的同意，但只有他们能说服他们自己，你必须把你的愿望变成他们的愿望。

7. 唱“独角戏”

有些人喜欢将自己或对方当成一面墙壁，谈话的一方长篇大论，而另一方保持沉默。整场谈话中，沉默的一方不发表任何意见，但并不表示他们真的没有意见，而是当时的情况让他们只能沉默。这种情况并不可取。所谓的沟通，已预设了一个前提，即谈话是双方的事。一场完美的谈话，必须双方积极参与，共同营造和谐的气氛。真正的谈话中，“独角戏”是唱不起来的。

8. 毁灭性“细节”

日常交谈中很容易不小心去犯些小错误。例如，穿着打扮其实很重要，却常不被重视。认为才华、知识比较重要，而不是谈吐。即把一件事中属于“内容”部分的作用无限放大，而看轻了“技术”层面。殊不知，被看轻为细节的事物直接影响着谈吐。不注重细节的结果是，容易让人不喜欢与你交谈，甚至产生反感。

9. 没有搞懂就表达

如果无法准确地表达想法，那么会让对方感到疑惑或是专注力不够。因此，必须尽量明确、完整地表达。表达的内容之所以含糊不清，可能是你并没有真正弄懂、厘清自己的想法。想要表达得清楚而完整，一定要先弄清楚自己的想法，接着按一定的技巧顺序表达出来。

10. 总是转移话题

与他人交流时，难免会遇到较敏感或讨厌的话题，此时你可能会想换个话题，或许你根本不想回答对方的问题。但是，不适合在特定的场合转换话题。一般情况下，最好不要轻易转换话题，因为轻易转换话题除了会让谈话者感到错愕，也可能使气氛变得尴尬。与人谈话时，如果不是太无礼的问题，尽量不要岔开话题。

第三节　旅客投诉问题的认识和处理

在服务旅客过程中，尽管希望为旅客提供完美的服务，仍难免会出现差错、不周、误解，因而导致旅客投诉。妥善处理旅客投诉，是在已经引起不满的情况下做好服务的最后一个机会，因而成为运输企业与旅客建立良好运输服务关系的重要内容。

在铁路客运服务工作中，旅客投诉有两个方面的原因：一是旅客的不理解或误解铁路客运服务工作；二是铁路客运服务人员的疏忽或差错，给旅客的利益造成损害。随着人们的法律意识增强，现在旅客自我保护意识在不断提高。旅客买了车票上车，运输合同生效，如果铁路不能实现承诺，就是违约。

铁路客运服务人员在运用铁路规章时就要注意原则性和灵活性，处理问题需要冷静、冷静、再冷静，耐心、耐心、再耐心，倾听意见，不和旅客争辩、反驳，即便是投诉旅客的不对，也要控制自己情绪，做到“忍”字当头，有礼貌地接待，耐心地听旅客讲完，弄清事实真相，恰当处理。如果是工作上的疏忽或差错造成的，就应该马上以诚恳的态度向旅客道歉，想办法妥善处理。

总之，处理旅客投诉，千万不能表现出不耐烦的情绪或者置之不理的态度，这样做会使矛盾激化，要多从自身方面找原因，弄清事实真相，属于自己的责任，要主动表示歉意，改进工作。属于旅客的责任，多做解释工作，增加理解，这样便可以减少投诉，真诚对待，热情服务，就可能化解很多矛盾。

一、旅客投诉的原因分析

旅客对铁路抱怨和投诉的原因，涉及因素较多（如对旅客不尊重、态度不好、工作不负责、车站食品价格高、设备不配套、服务项目种类少等），大致可分为两种：客观原因和主观原因。

1. 客观原因

客观原因有设备设施故障无法及时修复，如车站空调温度不适合，厕所故障或缺水无法使用等等。还有一些非铁路责任。例如，旅客在明知列车晚点是因为自然灾害造成的，同样会产生焦急、烦躁等心理变化，并会在语言上、行为上有所表现。另外，由于焦急等待会在心理上面产生时间上的错觉等。

2. 主观原因

在全部投诉中，更多的是主观原因引起的投诉，主要集中在以下两个方面：

(1)不尊重旅客。这是铁路服务中引起旅客不满的一个重要原因。其具体表现有以下几点。

① 招待旅客不主动、不热情、不周到。有的铁路客运服务人员不主动称呼旅客，或者往常以“喂”代替；有的则对待旅客态度冷淡，爱理不理，或者旅客多次招呼也毫无反应。

② 不注意礼貌服务，用不礼貌的言语冲撞旅客。

③ 不尊重旅客的风俗习惯。

(2)工作不负责。工作不负责任也是引起投诉的重点原因。具体表现包括：

① 工作不主动、不及时。

② 衣帽不整洁，岗位区域卫生差。

③ 忘记或弄错旅客的要求。

④ 弄脏或损坏旅客的物品。

由于旅客的性格、气质不同，处理问题的方式各有差异，当出现以上种种情况时，有的旅客可能嘴里嘀咕，有的旅客会理智地提出意见，还有些旅客会大动肝火，这些现象，铁路客运服务人员应注意观察，及时发现，并主动做工作尽力挽回影响，维护企业形象。旅客的需求和铁路客运服务往往存在差异，如果处理不当，容易引起旅客投诉。对旅客的投诉给予足够的重视，不应恐惧、厌烦或不予理睬。

(3)旅客的投诉是一把“双刃剑”。旅客的投诉一方面可能会刺激、伤害铁路客运服务人员，使铁路客运服务人员感到尴尬和不快，但另一方面，旅客的投诉对铁路运输企业来说又是极其宝贵的信息来源，也能给铁路运输企业带来好处。

① 旅客的投诉可以反映出铁路运输企业在管理、食品及服务方面的缺点，从而促使铁路运输企业改进工作、提高服务并进一步增强铁路的市场竞争力。

② 如果旅客的投诉能够获得满意的解决，将增加旅客对铁路运输企业的正面评价，降低对铁路运输企业的负面影响。

二、处理旅客投诉的技巧

处理旅客投诉是一门艺术，铁路客运服务人员和管理人员可以凭借自己知识和经验，因人制宜，因事制宜，因时制宜，因地制宜，处理旅客投诉监督，应做到“先处理感情，后处理事件”。采用恰到好处的方式，机智地处理各种问题，常常可以收到事半功倍的效果。

(一)投诉接待服务规范

1. 耐心倾听

当旅客提出投诉时，投诉处理人员要认真倾听，不要有过多的辩解，更不要与旅客争吵。即便旅客的态度不好，也要让他把话说完。

2. 做好笔录

记录旅客投诉的内容，整理归纳出投诉要点，因为旅客可能因为激动而在表述时语无伦次。做好笔录，既体现对投诉者的尊重、投诉内容的重视，而且也利于将来查证。同时应开启音视频记录仪。

3. 调查核实

对投诉内容进行调查核实，认真分析。明确哪些内容是真实的，哪些内容是没有根据的;哪些服务缺陷是可以弥补的,哪些服务缺陷是无法补救的。在分析核实时,可以向其他旅客了解情况,也要听取各方的反映,了解情况一定要全面。同时,投诉处理人员应该将旅客的投诉向相关部门汇报。

4. 处理投诉

处理投诉一定要及时、公正。首先是向投诉者诚恳的道歉并实事求是地解释,将解决问题的方案告诉投诉者,旅客有获知投诉处理的进展与结果的权力。对投诉处理一定要注意方式方法、合情合理,既能让投诉者满意,又能达到避免不必要损失和挽回影响的目的。

5. 收尾服务

接到投诉及时进行了处理后,还要继续热情周到地为其提供服务,多询问、多关心,用真心赢得旅客对铁路服务的信任。

(二)投诉处理原则

客运人员服务中要学习和掌握服务技巧,并在以下几个方面加以注意:

1. 沉着冷静

当遇到突如其来的事情或问题时,要保持冷静,从容不迫,不惊慌失措,根据发生事件的性质、特点、影响、趋势,迅速地确定处理问题的对策。既要保证工作人员人身安全,又要使旅客不受伤害,始终与旅客处于一种良好的状态。

2. 依法合规

要灵活运用法律法规和专业规章处理好工作中出现的各种难以处理的问题,以缓和紧张的局面。

3. 控制情绪

有些突发事件让铁路客运服务人员受到委屈,在这种情况下,铁路客运服务人员要有较强的驾驭能力和克制能力,控制好情绪,做好耐心、细致的说服和解释工作,有条不紊地冷静处理突发事件。

(三)投诉处理技巧

1. 处理投诉要及时

当发生投诉时,要在第一时间处理,争取将旅客的损失与不利影响降至最小,切忌拖延、漠视、疏忽大意,将小事发展得不可收拾。

2. 不能因为投诉而改变对投诉者的服务态度

应该感谢并积极、妥善的处理投诉,争得投诉者谅解,不要因为投诉而对其疏远、形成对立,这样只能让投诉者更气愤,负面情绪叠加。

3. 不要断然否定,疏远投诉者

当旅客投诉与事实不相符,或者旅客投诉没有理论依据,全凭猜测,甚至投诉内容明显违反铁路规章制度时,投诉处理人员不要断然否定、疏远投诉者,要耐心解释,讲清道理,给予正确的引导,不能挖苦、讽刺、反击投诉者。

4. 多使用"共情"缓解矛盾

投诉接待者要冷静、理智,以理解、认可的态度,感同身受的耐心听旅客宣泄。旅客在说明情况中,抵触、暴躁情绪就会慢慢降温。当旅客情绪稳定、可以正常交流的时候,铁路客运服务人员再问清事情的经过。

5. 运用智慧应对旅客投诉

有时采取一些宽容、大度的处理方法比运用生硬、冰冷的法律手段效果要好。在面临旅客诉求、甚至一些棘手的突发事件时,可以参考以下几个服务处理技巧:

(1)避开人群大众处理旅客投诉

旅客在公共场所喧哗、斥责铁路服务时,容易引起周边人群的围观,干扰铁路正常工作秩序,造成不良影响,产生负面舆情。铁路客运服务人员应客气、机智、灵活地把旅客引离大众场合,可安排至客运值班室、间休室或其他安静场所,让其稳定情绪、心平气和后再按照处置程序了解情况,解决问题。

(2)表扬要婉谢,意见要接受

当旅客称赞、表扬客运服务工作时,应当谦虚、委婉的表达感谢之意,肯定旅客对铁路工作的支持和理解,并主动征询是否还有其他改进意见。当旅客提意见时,要态度诚恳、心平气和、认真倾听,注意不要随意打断旅客的谈话。旅客意见合理,要明确表态,虚心接受;旅客意见有待商榷,也应作表态,告知旅客有关部门会组织研究。

(3)合理要求应及时解决

一般来说,旅客出门在外,都希望旅程顺利,没有意外。只有当他们的合理要求不能实现,合法权益遭受侵犯时,他们才不得不提出意见,希望通过投诉解决问题。例如,车站进出流线拥堵,洗手间臭气熏天,候车室座椅损坏等切实影响到旅客正常使用时才会投诉。对于这样的合理要求,铁路客运服务人员应当及时解决。在解决这些问题时,要有一个时间概念,明确告诉旅客:“谢谢您的提醒,这个问题×分钟之内可以解决”,随即同有关部门联系,妥善处理投诉问题。

(4)学会“得理也要让人”

在服务工作中一定要学会“得理也要让人”。这不是说明服务工作就低人一等,理应忍气吞声,而是强调发生矛盾时,提供服务的一方应有更大的心胸和心境,容错能力更强。况且,服务工作让旅客满意,真正受益的还是提供服务的一方,因此,除个别蛮不讲理、纠缠不休或图谋不轨的情况外,在服务工作中都要竭尽所能地避免摩擦、碰撞、对立和矛盾。

(5)妥善处理不属实的旅客投诉

对不属实的旅客投诉,也要区分情况妥善处理。例如,旅客投诉某铁路客运服务人员偷拿了旅客的财物,这类涉及违纪的服务质量问题必须严肃对待,从速调查。调查结果若证实旅客未丢失财物,或旅客虽遗失财物但同铁路客运服务人员无关时,则应从善意出发,帮助旅客找寻,向旅客说明调查结果。企业管理人员应对涉事铁路客运服务人员进行安抚,卸下铁路客运服务人员的思想包袱。同时嘱告其他铁路客运服务人员应注意避免容易造成旅客怀疑、误解的服务行为。

(6)恶意行为需理智应对

车站人员混杂,无端寻衅、百般挑剔、无理取闹者也偶有出现,例如:恶意逃票却反诬告铁路客运服务人员服务态度差等。这种情况虽然棘手却不难鉴别,可以采取的对策是:一要头脑冷静、反应灵活,二是坚持原则、依法合规。首先好言相劝,劝其自尊自爱,克制行为;其次正言相告,讲明事理、找准法理;最后仍拒不配合,立时通知公安部门介入处理。整个处置过程要注意开启音视频记录仪,收集、保留证据,控制事态发展。

第四章

站务工作规范与服务技能

谈到车站的优质服务，首先想到的就是语言文明，笑容可掬，热情服务。确实，站务铁路客运服务人员的满面春风能让旅客感受到舒心满意。但现代交通发展和旅客的要求已不单单是这些行为举止上的热情，或者说这些只是站务铁路客运服务人员应该达到的最起码的标准和要求，服务细节的处理往往更能体现站务人员的综合能力和素质。

第一节　站务礼仪服务规范

一、站务服务内容规范

(一)安全服务

安全是旅客出行首先要考虑的问题，是旅行的第一要素，也是铁路旅客运输的工作重点，是铁路占有运输市场的重要砝码，因此站务安全工作是铁路运输工作重点，铁路客运服务人员必须树立“安全第一，预防为主”的思想，为了有质量地为旅客、货主服务，实现“安全正点、设备良好、环境适宜、饮食卫生、服务文明”。具体要求有以下几点：

1. 候车乘降

旅客进站安全检查秩序良好，通道畅通，日常旅客等候不超过 5 分钟。按方向、车次组织旅客有序候车，提醒旅客对超重、超大等物品办理托运。

根据客流量和站场条件确定检票时间，始发列车开始检票一般不少于开车前 40 分钟；根据检票口到列车的距离合理确定停止检票时间，并向旅客公告。引导旅客有序进站，不产生对流；站台上应组织旅客在安全线内等候，先下后上。出站快速畅通，按规定查验车票，正确为旅客办理补票业务和携带品超过规定时补收运费。

2. 车站检票

始发站普速旅客列车在开车前 40 分钟检票（节假日或雨雪天，可联系列车长提前检票）。中间站一般在列车到站前 20 分钟开始检票。检票时，先重点，后团体，再一般旅客。高铁车站动车组列车中间站一般在列车到站前 15 分钟开始检票。始发站一般在折返保洁作业完毕后，不晚于开车前 10 分钟开始检票。开车前按规定时间停止检票，防止旅客抓车。车站旅客列车的停止检票时间应向旅客公告。动车组列车车门验票由车站负责，通道和站台专用的车站可以不在车门验票。

3. 站台安全

加强站台管理，组织旅客站在安全线内排队等候，防止旅客抢越线路、钻车。没有跨线设备的车站要重点加强对旅客进出站的管理，防止旅客横越线路和钻爬车底。站台严禁堆放路料、杂物和停放车辆。

4. 设备设施

安全设备实施齐全，作用良好；安全通道、出口畅通；安全标志规范、明显。对于消防设备，必须定期检查，在暑运、春运、五一、十一之前要全面检查设备。站车服务场所应及时清除积冰、积水，冬季要有防滑措施。建有无柱雨棚的车站在雨雪天气要加强站台防滑措施和安全宣传。电梯及自动扶梯应有安全警示牌或警示语。并由专人管理，遇有老、幼、病、残、孕旅客或停电时，应及时引导旅客从安全出口上下楼。

(二)语言服务

语言是人们思想交流、信息交流、情感表达的重要工具和手段，更是铁路客运服务工作的重要工具和手段。铁路客运语言服务内容很多，良好的服务加上亲切、温馨、文明的语言交谈，会使旅客有宾至如归的感觉，产生好的效果。如迎接旅客的欢迎用语，车站广播宣传用语，检票通告，旅客询问解答等语言服务，体现了文明程度和精神风貌。

1. 解答问询

在解答旅客问询时，铁路客运服务人员应使用普通话，用于文明，表达准确，口齿清晰，对旅客、货主称呼恰当，当旅客问询时做到有问必答，回答准确；当面解答时应面向旅客站立(需坐着完成工作的人员除外)，电话解答时要先通报单位和工号；软席候车室及贵宾室铁路客运服务人员应具备使用英语和外籍旅客沟通的能力，做好对外宾的服务工作。对旅客提出的问题不能解决时应耐心解释。为旅客服务过程中遇到失误的时，应向旅客表示歉意；对旅客的配合与支持应表示感谢。在车站各服务处所设旅客留言簿，并及时关注旅客留言，做好反馈工作；在醒目位置向社会公布本单位投诉受理电话、通信地址。

2. 车站广播

广播以方便旅客旅行生活为主，覆盖各服务场所，及时通告列车运行情况，语音清晰，音量适宜；根据实际情况做好专题宣传，增加英语、少数民族语言。列车晚点时，及时向旅客通告晚点信息，并积极做好服务工作。信息发布时，采取多种方式通告列车运行、票务、旅行须知等信息。

(三)舒适服务

旅行服务工作的任务是满足旅客在旅行中的吃、住、行、购、娱等多方面的需求，应面向市场，采取灵活的经营方式，以满足不同层次旅客消费水平的需求，实现良好的社会效益和经济效益。

1. 设施设备

基础设备设施齐全，无违规改造或改变用途；防寒、防暑、照明、通风、广播、供水、电梯、无障碍等设施作用良好，正常使用。站房质量良好，地面平整，门窗完好，楼梯踏步无残缺，墙面、天花板无脱落，房屋、风雨棚、天桥、地道无渗漏。

三等以上车站有安全检查、问讯、小件寄存、饮用水等设施设备，二等车以上车站设置服务台，配置相关业务和服务资料及用品。服务备品齐全，干净整洁、作用良好，定位摆放；软席候车室、贵宾室厕所配有卫生纸，洗手间有洗手液，擦手纸或干手器。候车室(厅)配备与候车面积相适应的候车座椅，一等以上车站有重点旅客军人候车区(室)，有通风良好的吸烟室。

2. 环境卫生

候车室、售票厅、行包房、站台、天桥、地道等处所保持清洁，无积水、积冰、积雪，股道无杂物，厕所干净、无异味。站容整洁，环境绿化；清扫工具隐蔽存放。各服务处所设置适量垃圾箱(桶)，定期消毒，保持清洁，垃圾桶内配有垃圾袋，可在站台、站前广场的垃圾箱(桶)上设置烟灰盒；列车投放的垃圾及时清运；垃圾隐蔽存放，日产日清，储运密闭化。各服务处所定期进行“消、杀、灭”，蚊、蝇、蟑螂等病媒昆虫指数及鼠密度符合国家规定。

3. 饮食供应

卫生管理制度健全，确保食品卫生，防止食物中毒；食品加工、储存场所符合卫生要求，各种用具清洁，消毒合格；不出售无生产单位、生产日期、保质期和过期、变质食品；销售无包装直接食用的食品时有防蝇、防尘措施，不徒手接触食品。经营行为规范，明码标价，质价相符，文明售货，提供发票。经营场所合理，不影响旅客通行、购票、候车；站台售货车定位管理，数量适宜，不堵占车门、天桥、地道，不影响旅客乘降和通行。给水设施设备作用良好，正常使用，冬季有防冻措施；始发、过往列车辆辆满水，水质符合国家生活饮用水卫生规定。

(四)售票服务

根据客流量开设售票窗口，日常旅客排队不超过 20 人；向旅客公布窗口车票发售信息和售票时间。车站设购票“一米线”，售票、退票做到准确无误，唱收唱付，旅客退票时应提供报销凭证。

二、站务人员礼仪规范

1. 礼仪规范的作用

铁路客运服务工作的特点就是直接为旅客服务，良好的服务礼仪可以弥补某些客运设施的不足，会产生积极的社会效果，可以满足旅客的心理需求。铁路客运服务礼仪体现了铁路运输企业文明“窗口”，铁路客运服务人员的礼仪规范不单是个人形象问题，更重要的是反映铁路的企业形象。铁路客运服务礼仪可以塑造铁路职工爱岗敬业的完美形象，每位铁路客运服务人员在工作中良好的礼仪和内在美，既是自尊自爱的表现，也是事业心、责任感、自豪感的具体反映。

在铁路客运服务中，仪容仪表给人的感受是十分重要的，留下的印象也是十分深刻的，它会直接影响人的心理变化。讲究仪容仪表美，是实现优质服务的重要内容和要求之一，是客运工作人员必须遵守的服务规范。服饰和仪态是需要经过培训和加强管理的一项日常性的工作。强调规范、得体的职业穿着，是社会文明进步的体现。铁路是规定统一着装的行业，铁路服饰的颜色、样式朴素大方。它不仅是行业的标志，而且统一着装上岗会给旅客一种端庄、稳重、舒适的感受。对铁路客运服务人员的服饰要求是，衣着整洁、朴素大方。

2. 何谓仪容仪表

古人云“不学礼，无以立”。所谓仪容仪表，是指人的外表的形态和表露，它包括自然要素容貌和社会要素，包括气质、风度、教养、素质、服饰、谈吐、体态、表情等。社会要素能给人以良好知觉的外表，是后天自我塑造的结果。仪容多是就容貌来说的，仪容修饰是指梳妆打扮。人除了着装，还要修饰自己的容貌，这是仪表美的又一个重要方面。容貌包括自然美和修饰美两个方面，俗话说：“三分长相，七分打扮”。容貌清洁，适当美化也是必要的，它可以弥补某些先天缺陷，增加美观。在工作场所里，适宜化淡妆，不适宜使用香水和香粉。

3. 仪容仪表的基本要求

对铁路客运服务人员的仪表要求是：衣着整洁、美观大方、表情明朗、笑容自然，不允许打扮得怪模怪样、花枝招展或衣着又脏又皱，更不允许板着面孔、冷若冰霜。

好的仪表，给人以一种亲和力。在招聘铁路客运服务人员时，对身材、身高、容貌等自然状况都有一定的要求，这是职业需要。

(1)男性客运人员基本要求

头发每天保持干净，有光泽、无头皮屑。发型要修剪得体，轮廓分明，头发应梳理整齐，使用发胶、摩丝等定型，不得有蓬乱的感觉。头发两侧鬓角不得长于耳垂底部，发长前面不遮盖眼睛，后部不长于衬衣领。不得剃光头、烫发。头发应保持黑色或自然棕黄色，不得使用假发套。

(2)女性客运人员基本要求

头发每天保持干净，有光泽，无头皮屑。短发最短不得短于两寸，发长最长不得超过衣领底线，刘海应保持在眉毛上方，禁止理奇异发型。任何一种发型都应梳理整齐，使用发胶、摩丝定型，不得有蓬乱的感觉。头发应保持自然色，不得使用假发套。发夹、发箍、头花应为无饰物黑色。

女性淡妆上岗，唇线与口红的颜色一致；眉毛修剪整齐，眉笔和眼线为黑色或深棕色；眼影的颜色与制服一致；眉毛修剪整齐，眉笔和眼线为黑色或深棕色；眼影的颜色与制服一致；使用清香、淡雅型香水。面部、双手保持清洁，身体外露部位无文身。指甲修剪整齐，长度不超过指尖 2 毫米，不染彩色指甲。工作中保持妆容美观，端庄大方。补妆及时，在洗手间进行。不浓妆艳抹。

换装统一，拉链整齐。着裙装时，丝袜统一，无破损。系领带时，衬衣束在裙子或裤子内。外露的皮带为黑色。佩戴的外露饰物款式简洁，限手表一只、戒指一枚，女性还可佩戴发夹、发箍或头花及一副直径不超过 3 毫米的耳钉。不歪戴帽子，不挽袖子和卷裤脚，不赤足穿鞋，不穿尖头鞋、拖鞋、露趾鞋，鞋的颜色为深色系，鞋跟高不超过 3.5 厘米，跟径不小于 3.5 厘米。

佩戴职务标志，胸章牌(长方形职务标志)戴于左胸口袋上方正中，下边沿距口袋 1 厘米处(无口袋的戴于相应位置)，包含单位、姓名、职务、工号等内容。按规定应佩戴在上衣左袖肩下四指处。应佩戴制帽的工作人员，在执行职务时戴上制帽，帽徽在制帽折沿上方正中。

三、铁路客运服务用语规范

(一)服务用语规范

1. 多使用礼貌语言

在服务旅客过程中,应当尽可能多地使用礼貌语言与旅客交流。应当做到“五声”服务:旅客来时有迎客声;遇到旅客有称呼声;受人帮助有致谢声;麻烦旅客有道歉声;旅客离去有送客声。如此一来,能够体现铁路客运服务人员的待客热情与主动,旅客能够获得“被重视、被关注”的服务优越感。

铁路客运服务岗位基本礼貌是要熟练使用“十字”文明用语:您好、请、谢谢、对不起、再见。铁路客运服务人员语言交流应当遵循“‘请’字开路,‘谢谢’压阵,‘对不起’不离口”的规范原则。“请”字开路,能够充分表达对旅客的尊重。“谢谢”压阵则是通过表达铁路客运服务人员的感谢之情来获得旅客好感,增进双方的情感共鸣。“对不起”不离口,不是说铁路客运服务人员不断地出现工作失误和错误而向旅客道歉,不是责任的划分和追究,只是铁路客运服务人员对旅客歉意的一种表达。当其他旅客的疏忽导致旅客的利益受到损失,或是由于列车晚点致使旅客不能按时到达目的地,或是由于车站的设备设施的人性化不够、设备设施的损害导致旅客意外受伤等情况发生时,铁路客运服务人员都应当有主动承担责任的工作和服务意识,应当立即向受到损失、伤害的旅客表示道歉。

2. 注意仪态与语言的配合

(1)与旅客交谈时,目光要注视对方的眼睛,以示尊敬。要注意听取对方的谈话,不可东张西望。切忌边走边讲或不断地看手表,手不要放到口袋里,或双臂抱在胸前,也不要扶着座椅靠背,或坐在扶手上。对旅客提出的要求,能做到的应尽量满足,不能做到时,应耐心解释,不能怠慢。应允的事情一定要落实,不能言而无信。

旅客提出的意见和要求,不要有厌烦的情绪和神色,更不能使用责备的口吻甚至粗鲁的语言。

(2)无意碰撞或影响了旅客，应表示歉意，取得对方谅解，在旅客离开时还应择机再次道歉。

(3)在车站遇到熟悉的旅客应主动打招呼并行礼问候，表示欢迎。

(4)为旅客发送每一样物品时，应主动介绍名称，严格遵循发放原则：先左后右、先里后外、先宾后主、先女后男。

3. 应当避免的情形

与旅客交谈时，应当注意避免出现如下一些情形。

(1)食用大蒜、大葱和韭菜等有强烈刺激性气味的食品。

(2)在公共场所修指甲、挖鼻孔、剔牙齿、掏耳朵、伸懒腰以及用手指人。

(3)随地吐痰，乱扔杂物。

(4)与旅客嬉笑玩闹，对旅客品头论足。

(5)与同事在公共区域大声喧哗、谈笑，聊与工作无关的事情。

(6)在旅客面前接打手机。在公共区域接打电话时，声音过大。

(7)咳嗽、打喷嚏、打哈欠时不掩面、不遮挡。

(8)不加说明地打断旅客的谈话，直接插话，甚至制止旅客讲话。

(二)服务禁忌用语

1.“不”

对旅客直接说“不”“不行”“不可以”，会让旅客感觉铁路客运服务人员过于强势，感觉自己被铁路客运服务人员和铁路行业所排斥。

2.“不知道”

遇到旅客询问，甚至多次追问时，铁路客运服务人员应当保持耐心。如果告诉旅客“不知道”，会让旅客感觉铁路客运服务人员不够专业或不尽职。

3.“这不是我的问题/责任”

面对旅客的质疑，铁路客运服务人员应敢于面对、寻找问题、正确处理。每一位铁路客运服务人员都应当怀有“我是铁路人，铁路是一家”的工作责任心，不应将责任一味地推卸给其他部门，而让旅客感觉铁路行业冷漠待客。

4.“你不懂”

类似于“你不懂”“多管闲事”“已经告诉你了，怎么还不明白”等语言，具有明显的蔑视旅客的态度，是铁路客运服务人员待客工作的最大忌。旅客的服务体验和感受很大程度取决于是否有面子，因此，给旅客留面子就是给旅客礼貌、享受的服务。

5.“没见我正忙着吗？”

这句话会加重旅客的服务等待焦虑情绪，引起旅客的愤怒，甚至导致服务危机。

（三）广播用语

铁路客运服务广播用语是铁路客运服务用语的重要组成部分。大多数旅客在接受铁路客运服务时，更多的是依赖车站或列车上的广播词确定铁路服务的重要信息。因此，清晰、准确、及时的广播用语是铁路客运服务质量的基本要求。

清晰，是指广播词简单明了，表达的意思通俗易懂，播音员使用标准普通话并且吐字清晰表述简练。

准确，是指广播词不能给人以歧义，特别是涉及列车故障、安全事故和旅客具体行程信息的广播词，更是要准确无误。

及时，是指广播的时间应当能够满足提前通知、预警提示、解释声明等信息传递的需要，能够确保铁路客运服务人员与旅客沟通的顺畅。

1. 检票的广播

（1）开始检票，例如，“旅客们，你们好，由××开往××的××次列车已经开始检票了，请您整理好自己携带的行李物品，到（×楼）××检票口检票，××站台上车”。

（2）调整检票口，例如，“各位旅客，今天的××次列车临时改为（××楼）××检票口检票进站，有乘坐××次列车，去往××方向的旅客请您到（××楼）××检票口检票，××站台上车”。

(3)停止检票,例如,“旅客们,你们好!由××开往××的××次列车现在停止检票。请来不及进站上车的旅客到售票处办理车票改签手续”。

2. 清理站台的广播

“各位旅客,为了保证您的安全,车站需要良好的秩序。请停留在站台上的旅客抓紧时间出站,协助我们共同维护好车站秩序。谢谢您的配合”。

3. 列车晚点的广播

“各位旅客及接亲友的同志,××次列车因××原因晚点,大约晚点××小时××分钟,请不要远离车站,随时注意车站通知。因列车晚点给您造成不便,我代表车站站长向您表示诚挚的歉意,希望您给予谅解”。

4. 禁止吸烟宣传

“各位旅客,为保证广大旅客的身体健康,使大家有一个舒适良好的乘车环境,车站候车区、售票区、站台区、进出站通道区域内禁止吸烟。希望各位旅客遵照执行。谢谢您的合作”。

5. 雨天安全宣传

“各位旅客,今天由于下雨,站台、地道和天桥上都很滑,请旅客们在进站上车、经过地道、上下天桥时要注意安全,以免滑倒摔伤”。

(四)常用文明用语

欢迎语:欢迎您来我站乘车;欢迎您来我站检查指导工作;感谢您的监督指导,您的宝贵意见我们将认真研究、改进。

问候语:您好,请坐。问候主要是在相见之初问好,致意,问候是相互的。一般情况下,可以简短的问候“你好”“您好”“各位好”“早上好”“下午好”。

告别语:再见;欢迎您再来;祝您旅途愉快。告别语通常用于与人分别之时。最常用的告别语主要有“再见”“慢走”“走好”“欢迎再来”“一路平安”“多多保重”“这是您的行李,请拿好”“祝您旅途愉快”“下次旅行再见”等。

称谓语:您;先生、女士;同志。

征询语:您有什么事情?您还有别的事情吗?请您慢些讲好吗?我没听清您的话,您能再说一遍吗?

应答语:不必客气;没关系;我愿意为您服务;这是我应该做的,不要客气;我明白了;好的;是的;非常感谢。

道歉语:实在对不起;请原谅;请您不要介意;让您久等了;谢谢您的提醒。

总之,语言文明看似简单,但真正要做到并非易事。这就需要平时多加学习,加强修养,才能使服务工作更好地进行开展。

礼貌用语小辞典

与人相见说"你好";问人姓氏说"贵姓";
问人住址说"府上";仰慕已久说"久仰";
长期未见说"久违";求人帮忙说"劳驾";
向人询问说"请问";请人协助说"费心";
请人解答说"请教";求人办事说"拜托";
麻烦别人说"打扰";求人方便说"借光";
请改文章说"斧正";接受好意说"领情";
求人指点说"赐教";得人帮助说"谢谢";
祝人健康说"保重";与人相见说"你好";
老人年龄说"高寿";身体不适说"欠安";
看望别人说"拜访";请人接受说"笑纳";
送人照片说"惠存";欢迎购买说"惠顾";
希望照顾说"关照";赞人见解说"高见";
归还物品说"奉还";请人赴约说"赏光";
对方来信说"惠书";自己住家说"寒舍";
需要考虑说"斟酌",无法满足说"抱歉";
请人谅解说"包涵";言行不妥说"对不起";
慰问他人说"辛苦";迎接客人说"欢迎";
宾客来到说"光临";等候别人说"恭候";

没能迎接说“失迎”；客人入座说“请坐”；

陪伴朋友说“奉陪”；临分别时说“再见”；

中途先走说“失陪”；请人勿送说“留步”；

送人远行说“顺风”。

四、铁路客运服务行为规范

(一)举止文明规范

1. 时刻注意自己的仪容、仪表、举止、言谈。

2. 不食用大蒜、大葱和韭菜等有强烈刺激性气味的食品。

3. 不在公共场所修指甲、挖鼻孔、剔牙齿、掏耳朵、伸懒腰，不用手指人。

4. 不随地吐痰、不乱扔杂物、乱扔果皮纸屑。

5. 不要大声喧哗、谈笑和影响他人。不在旅客面前接打手机。在公共场所接打电话时，声音不宜过大。

6. 打喷嚏和打哈欠时要用手捂住口鼻、面向一旁，避免发生较大的响声。

7. 离开办公室、间休室时，应整理房间，保持整洁。

8. 在上下楼梯、与旅客同行时，应主动避让。不勾肩搭背、大声交谈、嬉笑玩耍，保持良好的专业化形象，禁止出现不雅行为。

9. 不得在公众场合吸烟、嚼槟榔、吃零食。

10. 为旅客指示方向时，眼睛应注视手指方向，清晰的表达位置。

(二)恰当的服务

满足旅客需求是铁路客运服务的根本出发点，旅客至上应该成为铁路客运服务人员的座右铭。在微笑、礼貌、文明服务的同时，要尊重旅客的自由活动空间，热情周到服务也要把握一个度。好动机不一定有好的结果，热情、周到服务也要把握一个度。提倡主动迎送旅客，不是越主动、越热情越好，这里有一个度的问题。要充分考虑服务先后、服务对象等问题。在无特殊服务需求的情况下，尽量不干扰旅客，更要重视保护旅客的私密性。

（三）服务距离

铁路客运服务人员与旅客之间的空间距离，大致可以分为以下三种。

1. 私人距离

私人距离是指交往双方彼此之间的距离在0.5米以内。一般而言，此种距离仅仅适用于家人，恋人和亲密的朋友，或是对老弱病残孕等特殊人群进行必要的照顾。所以私人距离又被称为"亲密距离"。

2. 社交距离

社交距离是指交往双方彼此之间的距离在0.5～3米，这种距离，主要适用于一般性的各种人际交往。因此许多时候又被称为"常规距离"。在绝大多数情况下，铁路客运服务人员与旅客打交道时，均应与对方保持这种距离。

3. 公共距离

公共距离是指大于3米的距离。该距离主要适用于铁路客运服务人员在公共场合中与素不相识的旅客共处之时。按照西方人的习惯，在公共场合中，陌生人之间绝对不可以相距过近，否则会令彼此都感觉不适。此种距离，有时也被称为"有距离的距离"。

第二节　站务服务语言

语言是人们用来表达意思、交流感情、交流思想的工具。语言表达是一种技能、一门艺术，它不仅能衡量一个人的能力水平高低，而且可以看出一个人的思想、道德和修养。铁路客运服务人员在同旅客所接触的整个过程中，始终离不开语言交流。铁路客运服务人员的语言运用、表达能力，直接影响到服务的水平。为此，铁路客运服务人员必须重视语言艺术的学习和应用，这是岗位职业技能要求。

在铁路客运服务中，铁路客运服务人员须自觉地讲究语言礼仪，遵守有关的服务语言规范，对旅客说话必须注意语言的规范性、礼节性、准确性、逻辑性、策略性。说话的声调要温和、文雅、亲切、谦逊，切不可说脏话、粗话，恶语伤人，更不可用粗野庸俗的话刺激、侮辱旅客。良好的语言表达能力，不是天生的，是可以在生活实践和工作实践中培养、锻炼出来的。

语言是人们交流思想、表达情感、建立良好人际关系的工具。俗话说："良言一句三冬暖，恶语伤人六月寒"，可见正确使用语言的艺术给人带来的感觉是有很大的不同。铁路客运服务人员与旅客打交道时，能否掌握语言艺术和应用语言技巧，会直接影响旅客的心理反应。一句不中听的话，往往会刺激对方发生争吵，在旅客中产生不好的影响，直接关系到铁路的声誉。优雅的举止、文明的语言、和蔼的态度能使旅客心情舒畅、愉快，即使出现分歧，通过温和、文雅、彬彬有礼的语言，可以避免冲突的发生，显示出铁路客运服务人员有教养、素质高，从而树立铁路的威信。因此铁路客运服务中的礼貌用语是一种相互尊重的表现。旅客在车站得到尊重的、热情的、周到的服务也是他们应该得到的合理权益。

言为心声，就是表明一个人的思想、道德、修养的文明程度。只有在尊重的基础上才能做到语言和气、文雅、不俗气、有礼貌。言语文明礼貌与否，是以尊重为基础的。如果你对别人不尊重，缺乏这个思想前提就不会有文明礼貌的话语出现。文明礼貌的谈吐，会让对方对你产生尊重、礼让的感受。反之，说话大大咧咧，满不在乎，脏话、粗话、怪话狂放，只能给旅客留下没有教养的坏印象。

一、服务语言的基本要求

采用语言沟通的方法，首先要做到用好礼貌用语。礼貌可分为礼貌行为和礼貌用语两部分，如微笑、点头、欠身、鞠躬、握手、双手合十、拥抱、接吻等是礼貌行为；而礼貌用语则是一种有声的行动，如使用"小姐""先生"等敬语，"恭候光临""我能为你做点什么"等谦语。

礼貌用语是服务行业的生命。要提高服务质量，不仅要向客人提供热情服务、周到服务，而且要提供礼貌服务，这二者相辅相成、缺一不可。

我国历来十分重视“言”与“礼”的关系，“言之不达，行之不远”，有许多关于礼貌的语言至今仍为人们所沿用。过去常说的“温良恭俭让”，即做人要温和、善良、恭敬、节俭、忍让，也是我国古代衡量礼貌周全与否的准则之一。今天正在提倡的礼貌语言为五声十个字，即“你好”“请”“谢谢”“对不起”“再见”，充分体现了语言文明的基本形式。

在社会交往和日常生活中，礼貌用语包括敬语、谦语、雅语等。

敬语，亦称“敬辞”，它与谦语相对，是表示尊敬礼貌的词语。除了礼貌上的必须之外，能多使用敬语，还可体现一个人的文化修养。敬语是文雅谈吐的重要组成部分。合理使用敬语，能够体现出对对方的尊重，展示谈话者自身的风度和修养。日常使用的敬语有“请”“您”“阁下”“尊夫人”“贵方”等，另外还有一些常用的敬语，如“久违”“久仰”“请教”“包涵”“打扰”“拜托”“高见”等。

敬语的运用场合：比较正规的社交场合；与师长或身份、地位较高的人的交谈；与人初次打交道或者会见不太熟悉的人；会谈、谈判等公务场合等。当然也应该注意到，随着时代的发展，在目前有些书面用语已经用词很少用了，也不一定强求要用。

谦语亦称“谦辞”，它与“敬语”相对，是向人表示谦恭和自谦的一种词语。如“多谢您的提醒”“您的话使我茅塞顿开”“听君一席话，胜读十年书”“给您添麻烦了”等。正确使用掌握和使用谦语，会给他人留下温文尔雅、风度翩翩的印象。在日常用语中表现出你的谦虚和恳切，人们自然会尊重你，就像一句名言说的：“只有尊重别人的人，才能得到别人的尊重”。

雅语是指一些较文雅的词语，雅语常常在一些正规场合以及一些有长辈在场的情况下，被用来替代那些比较随便甚至粗俗的话语。多使用雅语，能体现出一个人的文化素养以及尊重他人的个人素质。在接人待物中，如果你正在招待客人，在端茶时，你应该说“请用茶”；如果你用点心招待，可以用“请用一些茶点”假如你先于别人结束用餐，你应该向其他人招呼说“请大家慢用”。

服务语言的基本要求包括以下几个方面：

1. 语言要文明礼貌

语言文明礼貌与否，是以尊重为基础的，在尊重的基础上才能做到语言和气、文雅、不俗气、有礼貌。

文明礼貌语言分为称呼用语和接待用语。称呼用语在铁路客运服务人员对旅客最常用的第一句话。恰当的称呼，加上亲切的语调和热忱的表情，会给旅客一个好的印象，并使对方感到心情舒畅。

称呼语言应根据旅客的年龄、性别、职业以及风俗习惯等给以尊称。在使用人称时，多用“您”“这位旅客”“那位旅客”等称呼，避免使用“这个人”“那个人”，更不可针对其弱点、缺陷乱称呼。

接待用语是铁路客运服务人员工作用语，能直接体现工作人员的服务心态和服务技能。在工作繁忙时，对旅客的询问，要有耐心，说“请稍等一下”，避免有一言不发或说“你不能等一下”等不耐烦的表现。

2. 语调要柔和

服务语言不仅要口齿伶俐，吐字清晰，用语准确、恰当、自然大方，而且要语调柔和。语调柔和是通过语音高低、强弱和说话的快慢来表达的。例如，粗声粗气或平平淡淡的语调，会显得粗暴、生硬、无礼和乏味。命令式、审问方式的谈话，让人生气、生厌，也是不可取的。所以，铁路客运服务人员要说好服务用语，一定要掌握好说话的语调。

3. 表达要恰当

在为旅客服务时，说话要做到表达恰当，否则会引起误会，甚至冲突。说话表达恰当包括要看说话的对象，要使用标准、规范的服务语言，讲话要有分寸。

4. 热情、周到要适度

好动机不一定有好的结果，热情、周到服务也要把握一个度。迎接旅客上车时，应该适当帮助旅客提行李或照顾小孩上车，做到轻拿轻放，力量适度，以免损坏行李、撞伤旅客，引起旅客的不满或投诉。铁路客运服务人员在帮扶老幼和整理行李时都要事先征询旅客的意见，不能自作主张，以免引起旅客不满。

5. 旅客投诉处理要冷静

在铁路客运服务工作中旅客投诉是很难避免的。在接待旅客投诉时，铁路客运服务人员最需要的是冷静、耐心，认真倾听，不和旅客争辩、反驳，即便是旅客不对，也要控制自己情绪，做到“礼让三分”。有礼貌地接待，弄清事实真相，做到恰当处理。

二、礼貌用语的运用

（一）礼貌用语在服务中的作用

礼貌用语是铁路客运服务人员的一种服务工具和技巧，是很重要的精神劳动，这是工作性质所决定的。铁路客运服务人员是铁路运输企业的代表，在旅客面前的一言一行，都会给旅客留下印象。礼貌用语在服务中的作用是铁路客运服务人员必须懂得和运用的。

1. 组织作用

铁路客运服务人员是铁路运输服务的实际管理和服务者，在旅客中有一定权威，车站内发生的事情，旅客自然而然就会找铁路客运服务人员。铁路客运服务人员向旅客讲解有关旅行过程中的事宜，就具有一定的组织功效，使其服务工作有序有效进行。

2. 教育作用

车站和列车是宣传国家法令、铁路规章、旅行常识的场所，也是道德检验的场所。例如，宣传禁止携带危险品、不在车内吸烟、不随地吐痰、不乱扔脏物、禁止向窗外扔物品等。这些宣传就起到了教育旅客讲究卫生、注意社会公德的作用。

3. 帮助作用

旅客在旅行过程中会出现各种各样的问题，需要铁路客运服务人员帮助解决。在解决的过程中，需要用礼貌用语去解释、安慰、开导、制止，提供“不是亲人胜似亲人”的帮助，使旅客感到满意。

4. 融洽作用

车站有各种各样的旅客，服务与被服务的不一致，往往会产生矛盾，例如，要吸烟而不让吸烟，物品放在过道上而不让放，无票进站等如此多的矛盾，车站铁路客运服务人员只能通过礼貌用语耐心地做工作，既坚持原则，又要妥善处理。例如，先说句“请您到指定吸烟处吸烟。”（现在不允许在公共场所吸烟）、“请您补票”，当旅客的行为得到纠正，应说声“谢谢您的配合”，这样做给人的感觉是尊重对方、关系平等，如果服务工作打扰、妨碍了旅客时，说声“对不起”，旅客听后会谅解，矛盾就可能不发生或者化解。如打扫车站卫生，说声“请”字，旅客听了舒服，就愿意协助你的工作，这样大家的感情便接近了，关系也就融洽了，营造一种和谐的环境，使旅客心情愉快，自己的服务工作也得到了方便。

5. 感化作用

一个人的思想倾向和感情色彩，会在具体的工作表现中流露出来，不管是有意识或无意识的表现都会给人们留下深刻的印象。如果人人流露出来的都是礼貌用语和文明行为，则体现的是心灵美、风度美、气质美、行为美，这种示范性的作用，往往会感化一个人、影响一个人的看法，从而潜移默化地推动整个社会文明程度的提高。

综上所述，礼貌用语是一种技能，是一种平缓、解决旅客之间纠纷的方法。会不会用则显示出一个人的能力高低。如果两个旅客吵架，用“吵什么吵！吃饱了撑的”“要吵架，到外面吵，这里不是吵架的地方”等类似的话语去处理这种纠纷，只能反映出铁路客运服务人员的一种怨恨态度，无助于纠纷解决，只能表明这个人的服务水平和工作能力很差。如果用和蔼、坚定的口气：“请两位出示一下购票证件吗？”把他们的注意力引过来，查验过购票证件后，微笑地说：“来到我们车上就是我们的旅客，请两位看在主人的面上，互相谦让一点，就别吵了，出门在外，碰在一起是一种缘分，真不容易，相互谅解一下，就好了。”如果用这种处理方式平缓了纠纷的激烈程度，甚至达到平息争吵。

(二)礼貌用语的特点

1. 言辞的礼貌性

人际交往中通过礼貌用语相互表示谦虚恭敬，展示出友好得体的风范。言辞的礼貌，主要通过使用敬语、谦语和雅语来体现。敬语与雅语相对，不论是敬人还是自谦，都是“礼”的表现。例如，以“贵”称呼对方，用“愚”称呼自己；“久仰大名”“先生高见”“在下孤陋寡闻，还请指教”等。敬语和谦语现在用于正式场合和不熟识的人之间。诸如“请问贵姓”“身体发福”“我去方便一下”之类的雅语，在生活中也较为常用。

2. 用语的委婉性

语言沟通中，要很好地体现礼貌原则，就要恰当地使用委婉语，避免使用过激和生硬的用词。向他人征询意见、请他人协助工作、拒绝他人请求时，都应使用委婉的语气和用词。特别是在待客服务中，应避免直接指出旅客的错误，而应理解旅客，给其留面子。

3. 语言的规范性

日常工作和生活中，有许多约定俗成的语言使用形式及使用场合。只需遵从和沿用，不宜另辟蹊径、特立独行。例如，“欢迎光临”和“欢迎莅临”，两者都是表示对来访者的欢迎，但是，前者多用于口头表达，后者多见于书面表达，且特指上级对下级的到访。

4. 使用的灵活性

针对不同的交往对象，礼貌用语应灵活变化。例如，与熟识的人之间可以称兄道弟，以增进情感；但与商业伙伴初次会谈时，称兄道弟就显得不合时宜了。不同文化背景使用的礼貌用语也有差异。例如，我国常见的祝贺语“恭喜发财”在新加坡就很少用，因为新加坡人认为，这样祝贺有发横财之意。

5. 不应有的说话方式

(1)声音使人感觉粗俗刺耳。

(2)声音太大或太小。

(3)声音慵懒倦怠。

(4)呼吸声音过大,使人感觉局促不安和忧郁。

(5)鼻音过重。口齿不清,语言含糊,令人难以理解。

(6)语速过慢,使人感觉烦闷;语速过快,使人思维无法跟上。

(7)使用过于专业的术语。

(8)使用责备的口吻甚至粗鲁的语言。

(9)随意打断旅客的说话。

(10)说话时表现出厌烦的情绪和神色。

(11)手扶座椅靠背或坐在扶手上说话。

(12)谈论与工作无关的事情。与旅客嬉笑玩闹,对旅客评头论足。

(三)礼貌用语的类型

在铁路客运服务中,礼貌用语包括以下几个方面:

1. 问候语

问候,主要是相见之初问好致意。问候是相互的。一般情况下,应当身份较低者先向身份较高者问候。如果是在单位与同事相见,可以简短的问候道:“你好”“您好”“各位好”“早上好”“下午好”。如果是与很久不见的好友见面,还会带有详细的近况询问。如果是在社交场合还需要与人寒暄。

2. 告别语

告别语通常用于人与人分别之时。最常用的告别语主要有:“再见”“慢走”“走好”“欢迎再来”“一路平安”“多多保重”等。活动未结束,需要先行离开时,应该告知同伴。会见结束双方分别时,客方会对主方的接待表示感谢,主方也会对客方的到来表示感谢,双方再次互祝前程。

3. 感谢语

关心、帮助有大有小,人们往往对大的关心、帮助会感激不尽,而常会忽略日常生活中得到的细小帮助。当有人为你开门,在街上为你指路,捡起你掉下的东西时,你都应该向人及时表示谢意。对别人说声“谢谢”,意味着你对别人提供的帮助表示肯定,是一种礼貌的行为。得到别人的关心和帮助,表示感谢的方式可以多种多样,如口头致谢、书面致谢、电话致谢或由他人转达谢意等。口头致谢是应用最多的一种感谢方式,因为口头致谢可以在任何时间、任何地点、任何场合使用,所以也是最直接、最有效的方式。

4. 道歉语

日常学习、生活和社会交往中,有时会因为某种原因而打扰别人、影响别人,或是给别人带来某种不便,甚至给别人造成某种损害或伤害,在这样的情况下,应向人表示道歉。例如,无意中碰撞了他人时,在公共汽车上挤了别人或踩了别人的脚时,在狭窄的过道里需要在别人面前勉强通过时,因有事而打断别人的谈话时,因自己不注意挡住了别人的视线或光线时,未能办好别人托付的事情时,以及失礼、失约、失言或失手时,等等。面对这些情况,应主动向别人道歉。

道歉不是什么耻辱,而是一种襟怀坦白、深明事理、真挚诚恳和具有风度的表现。如果自己给别人增添了不便和麻烦,还强词夺理、硬说是别人不对,则是非常无礼的。所以,绝不要为自己的过失寻找什么借口。例如,在公共汽车上踩了别人的脚,有的不但不道歉,还振振有词地说并不是故意的。事实上,不论其原因是什么,你踩了别人的脚总是无法改变的事实,因此,要勇于向人道歉,通常,表达自己的不安和歉意的常用的词语有这样一些:“对不起”,“请原谅”,“很抱歉”“打扰了”“过意不去”“不好意思”“给你添麻烦了”等。道歉还具有一种神奇的力量,它能使人与人之间即将产生冲突的气氛缓和下来。有时,它能使大事化小,小事化了,甚至化干戈为玉帛。铁路客运服务人员在进行服务接待工作时,要勇于说道歉语。有时,即使是旅客的错,也要在适当的时候先说出道歉语,以先缓解气氛和平复旅客的情绪。

道歉时要把握好以下几项道歉的基本原则：

(1)直截了当，不要扭扭捏捏。

(2)真诚、专注，双目注视着对方，再诚恳地道歉。不要手头边干着事情边道歉，这样会使对方觉得你是在敷衍，也就不会原谅你。

(3)掌握分寸，不应也不能言过其实，言过其实不但难以使别人领会你的用意，反而会造成误会和再度失礼。

5. 请托语

在社会生活中，向人问询和求助是经常发生的事。看似平常的几个字，实际上却反映了一个人的修养和文明程度。询问之前先要选择合适的称呼语，不能不加称呼，也不能用“喂”来代替，更不能用一些不礼貌的称呼，如“老头”“戴眼镜的”等。其次，应学会使用请求语，如“请”“请问”“麻烦您”“劳驾”等。再次，对方答复自己的询问后应及时向对方表示感谢，语气应恳切，态度要真诚。

6. 应答语

在日常工作和生活中，经常会遇到别人有事相问或相求。怎样答复他人也体现着一个人的礼貌修养。首先，应该本着互助的精神，尽力回答他人的询问，必要时应暂时搁下手中的事情热情回应。其次，回答问话应耐心、细致、周到、详尽，如果是询问公务上的事，应尽量做到详尽准确，决不能模棱两可，简单了事。再次，当被问到不了解的情况时，应向对方表示歉意，或者帮助找其他人解答，决不可敷衍应付或信口开河。

7. 祝贺语

亲朋好友、同事或其他相识的人，如遇喜事、取得成就或迎接挑战之时，应当及时送上祝贺或祝福，这是一种礼貌，也是人之常情。可以说一些通用的祝贺语，如“恭喜恭喜”“祝贺成功”“祝你好运”“事业成功”“生意兴隆”等。逢年过节、举行庆典时，祝福也不可缺，此时还应注意赶在节日气氛浓烈之时及时送上祝福会更好。

8. 推托语

面对他人的请求，自己无力实现或事情有违自己的原则时，应该直接拒绝。但要注意语气的婉转，并表示歉意。拒绝他人也是一门艺术，处理不好，可能会破坏友好的关系。特别是服务中，面对旅客的一些非常规要求，如插队购票、无票乘车、违规通行等，铁路客运服务人员应该学会悉心解释、友好拒绝和妥善处理。

9. 致谢语

在日常的学习、生活和社会交往中，得到别人的帮助是经常的。无论何时何地，只要别人为你提供了帮助，为你付出了时间、精力或者劳动，你都应该表示感谢，即使这种帮助是极其微小的，在致谢时应该注意掌握以下原则，才能收到良好的效果。

（1）当得到了他人的帮助，别人为自己提供了方便，理应致谢。这意味着你认识到了别人为你提供的帮助，而忽略这一点就是失礼行为，至少造成一种错觉，似乎你把别人的帮助看成是理所当然的，或者别人会猜想是否你对他的帮助感到不够满意。一句“谢谢”虽然简单，但可以给人以无限温暖和被理解的感觉。会说“谢谢”的人，给人以受过良好教育的感觉。“谢谢”不离口的人，会在人际交往中获得益处。

（2）真诚，发自内心。也就是说，任何人为你做了一些事，不管事情多么微不足道，也不管对方是你的家人、老师，还是你的同学、朋友，你都真诚地致谢，而不是敷衍了事地打发人家。真诚的致谢会让对方有如沐春风之感。

（3）及时。当别人帮助了你，你的反应要快，要及时地向对方致谢。致谢的方式，可以是直接口头致谢，可以是书面致谢，也可以是打电话致谢或由他人转达谢意等等。

（4）言行一致。当你说“谢谢”时要伴随一定的体态语言，头部应轻松一些，目光应注视着你要感谢的人，而且应伴随着真挚的微笑，这样致谢，在对方心里引起的反响更会强烈。

(四)礼貌用语的使用原则

语言是社会交际工具,是人们表达意愿、思想情感的媒介和符号。语言也是一个人的道德情操、文化素养的反映。在与他人交往中,如果能做到言之有礼、谈吐文雅,就会给人留下良好的印象;相反,如果你满嘴脏话,甚至恶语伤人,就会令人反感讨厌。

1. 诚恳亲切

说话本身是用来向人传递思想感情的,所以,说话时的神态、表情都很重要。例如,当你向别人表示祝贺的时候,如果嘴上说得十分动听,而表情却是冷冰冰的,那么对方一定认为你是在敷衍而已。所以,说话必须要做到态度诚恳和亲切,才能使对方对你的说话产生表里一致的印象。

2. 谦逊文雅

如称呼对方为“您”“先生”“小姐”等;用“贵姓”代替“你姓什么”,用“不新鲜”“有异味”代替“发霉”“发臭”。如你在一位陌生人家里做客需要用厕所时,则应说:“我可以使用这里的洗手间吗?”或者说:“请问,哪里可以方便?”等。多用敬语、谦语和雅语,能体现出一个人的文化素养以及尊重他人的良好品德。

3. 声音要大小适中

语调应平和沉稳。无论是普通话、外语还是方言,咬字要清晰,音量要适度,以对方听清楚为准,切忌大声说话;语调要平稳,尽量不用或少用语气词,使听者感到亲切自然。说话语速过快,给人以敷衍对方,希望尽快完成任务离开对方的感觉;而说话语速过慢,会让别人觉得工作能力不强,浪费彼此的时间。比较标准的音速以每分钟 120 个字为宜。声音柔和而清晰并具有亲和感;语言简单明了;语速快慢适当;音量高低适中;不说话时做其他事情;特殊情况下可使用方言。

4. 礼貌忌语

礼貌忌语是指不礼貌的语言,或他人忌讳的语言,或会使他人引起误解、不快的语言。

(1)错字、别字

例如,酗酒读作"凶酒"或是把别人的名字读错,会给别人留下素质不高、工作能力不强的印象。最常见的就是中国人的姓氏,由于很多字作为姓氏时读音变音,很容易造成错误。例如,"盖"作姓时读作"葛"音,"查"作姓时读作"扎"音等等。还有常见的一些易读错的地名,例如,砀山,县名,在安徽省,读作"荡山"音;东莞,市名,在广东省,读作"东管"音;莘县,县名,在山东省,读作"深县"音,而上海的莘庄则读作"新庄"等。

(2)不礼貌的语言

不礼貌的语言包括粗话脏话,是语言中的垃圾,必须坚决清除。

(3)他人忌讳的语言

他人忌讳的语言主要指他人不愿听的语言,交谈中要注意避免使用。如谈到某人死了,可用"病故""走了"等委婉的语言来表达。港、澳、台同胞忌说不吉利的话,喜欢讨口彩。特别是香港人有讨厌"4"的习惯。因香港人大都讲广东话,而广东话中"8"与"发"谐音。"4"与"死"同音。因此,在遇到非说"4"不可时,多用"两双"来代替。逢年过节时,不能说"新年快乐"或"节日快乐",而用"新年愉快""节日愉快"或"恭喜发财"代之。这也是谐音的关系,因为"快乐"与"快落"听起来很相似。同时,很多行业的人往往还有一些行业禁忌语,如对于商业工作人员来说,凡是和"蚀""折""亏本""关门"等有关系的词都应改口,又如对于渔民来说,"翻""倒"等谐音的词汇也应注意避免。

(4)容易引起误解和不快的语言

容易引起误解和不快的语言也要注意回避。在议论他人长相时,可把"肥胖"改说成"丰满"或"福相","瘦"则用"苗条"或"清秀"代之。参加婚礼时,祝福新婚夫妇白头偕老。在探望病人时,应说些宽慰的话,如"你的精神不错""你的气色比前几天好多了"等。在日常生活中,如遇到矛盾冲突时,应冷静处置,不用指责的语言,多用谅解的语言。

(5)服务忌语

在服务中要避免出现以下一些语言词汇,例如,"找谁""不知道""一边站着去”“该下班了，快点”“着什么急？”“我就这态度，怎么着”“墙上贴着呢，自己看”“挤什么！”“急什么！”“你没长耳朵？”等有明显刺激及过激的语言都禁忌使用。

(6)道歉语

日常学习、生活和社会交往中，有时会因为某种原因而打扰别人、影响别人，或是给别人带来某种不便，甚至给别人造成某种损害或伤害，在这种情况下，应向人表示道歉。

三、语言沟通技巧

语言交流是人际交往中最主要的沟通方式。特别是服务行业中，铁路客运服务人员的语言礼仪规范体现了个人文化修养和职业修养。准确的运用文雅准确、标准清晰的语言，是每一个铁路客运服务人员应具有的基本职业素质。

铁路客运服务人员在与旅客接触和提供服务过程中，倾听、应答、解释、劝告和说服等是常用的语言和交谈形式。

俗语说：“良言一句三冬暖，恶语半句六月寒。”善于语言表达可以让我们与人相处时游刃有余；缺乏语言表达则可能导致不必要的误解和伤害；错误的语言或不当的言语则会引起人际关系紧张甚至交往失败。会说话(语言无障碍)的人并不总是善于表达，有时甚至会表错意、说错话。有效的沟通不只是对话，还要懂得言谈与交往的技巧。在为旅客提供服务中，铁路客运服务人员应该巧妙运用有声语言和形体语言与旅客进行充分、良好的沟通。

(一)有声语言的表达技巧

1. 铁路客运服务人员语言表达方式

有声语言是指铁路客运服务人员的口头服务用语。在为旅客服务的过程中，铁路客运服务人员的服务语言要恰当，过于生硬的语言会引起旅客的反感或逆反情绪所以在进行语言表达时，应当注意恰当的表达方式。

与旅客交谈时,要面向对方,保持适当距离(45～100 厘米)。站姿端正,可采取稍弯腰或下蹲等动作来调节身体的姿态和高度。目光要注视对方的眼睛,以示尊敬。要注意听取对方的谈话,不可东张西望。口齿清楚、语气温和、用词文雅、简洁适中、态度诚恳,给对方以体贴和信赖感。

(1)征求式。征求式语气是铁路客运服务人员在服务工作中最常用到。如“请您不要在这里吸烟好吗?”“我能帮您把行李安置到合适的位置吗?”等。在向旅客提出要求时,铁路客运服务人员用征求意见的口气去询问,语气温柔和蔼,会让旅客感觉自己得到应有的尊重,自然也就会配合其工作。征求式的语气常用于需要旅客配合工作的情况,询问时铁路客运服务人员要灵活机动,不要生搬硬套的只用一种交谈方式,以免造成与旅客的关系僵化,不利于事情的解决。

(2)商讨式。商讨式语气是铁路客运服务人员在进行协调沟通时经常用到的一种交谈方式。“如果您方便的话,能不能给这位老人让一下座位?”商量的语气让旅客得到充分的尊重,并乐于配合或协助完成一项工作。在使用商讨方式交谈时,一定要注意意思的表达,避免让旅客理解为“他重要,我就不重要”,应先肯定商讨的对象,然后再提出需要商讨的问题,并要让旅客受到尊重的同时觉得自己也做了件助人为乐的好事。

(3)委婉式。铁路客运服务人员在服务过程中,常会遇见一些不能直面解答的问题,对于此类问题,可用委婉式语气与旅客交谈。如“请你原谅,安全锤是在紧急情况下才使用的,所以您不要随意玩耍”。对于无理取闹的旅客,铁路客运服务人员需要有更多的耐心,用委婉的语气劝导他。

(4)恳求式。恳求式语气一般用于铁路客运服务人员处于弱势时,通过恳求的语言“以情动人”,松懈对方的情绪,是一种斗智的心理战术。

2. 铁路客运服务人员语言表达技巧

交谈需要技巧,铁路客运服务人员为旅客提供服务时,更应该注意交谈的语句,要给旅客一种诚恳、亲切、自然的感觉,幽默而不低俗,机智而又不失礼貌。

(1)铁路客运服务人员询问的技巧

询问在服务工作中是十分重要的,铁路客运服务人员向旅客提出问题时更要把握好尺度,掌握提问的技巧。

①直接型询问。直接型询问方式是指铁路客运服务人员可以直接向旅客提出疑问,请求旅客给予解答。这种提问方式比较直接,简单明了、节省时间,能方便快捷地得到答案。

②诱导型询问。在不想被旅客发现自己意图的情况下,铁路客运服务人员可采用诱导型询问,用牵引思路的方式一步一步询问。辗转迂回,将旅客的思路引导至自己预定的方向上来,从侧面得到自己想要的信息。

③选择型询问。选择型询问铁路客运服务人员向旅客提问时,将预计的答案一并提出,供其选择。大多时候,选择型询问是用于征求对方的意见。

④提示型询问。在不便直接向旅客提出建议或要求的情况下,铁路客运服务人员可以采用提示型询问的方式去暗示旅客。提示询问是一种比较委婉的交流方式,铁路客运服务人员可以让旅客避免尴尬,比较轻松地达到了解某些问题的目的。

(2)铁路客运服务人员回答的技巧

铁路客运服务人员在回答问题时,应当诚恳、及时,让旅客感觉到他的问题受到了重视,人格得到了尊重。询问时需要技巧,回答时也需要艺术。并不是旅客询问什么,铁路客运服务人员就必须回答什么,先思后答,机智、灵巧、礼貌才是真正的妙答。

①直接式回答。直接式回答是最常用、最普通的一种回答方式。这种方式简单、直接,用于旅客合理的简单询问。

②设定前提式回答。在回答旅客提问时。铁路客运服务人员不便将答案直接说出口或者不便回答,采用设定一个前提条件,或者假设一种环境的方法。例如,旅客问:“小姐,您长得这么漂亮,怎不去当空姐啊,当铁路客运服务人员不是委屈您了吗?”铁路客运服务人员可答:“如果我去当

空姐了，谁在这儿给您服务啊？”

③巧借前提式回答。如果旅客提出让人尴尬或难以回答的问题，铁路客运服务人员可以借用旅客的话语，借题发挥，用自己组织的语言将尴尬场面或困境补救出来。

④答非所问式回答。答非所问实际上是一种回避术。在服务过程中，铁路客运服务人员常会遇到旅客询问一些不便回答的问题，这时可以用答非所问的回避术，避开话题，脱离尴尬。例如，旅客问“小姐，你今年多大啦？”铁路客运服务人员答：“我已经参加工作好几年了。”

⑤否定前提式回答。有时旅客提出的问题或阐述的观点，铁路客运人员需要否定，但又不能正面否定，这时可以用否定前提的方式给予回答。例如，旅客问：“小姐，你们这车中途都在哪里停啊？”铁路客运服务人员答：“对不起先生，咱们是直达列车，中途不停靠。”

⑥无效式回答。无效式回答也是一种回避术，即等于什么也没说。在问题不能回答或没有必要跟随旅客的话题时，可采用无效式回答来打消旅客的继续发问。

⑦将错就错式回答。有时旅客在交谈中无意间说错话，造成尴尬场面，铁路客运服务人员可以用将错就错式，对旅客的话题进行弥补，以促其自省，也给旅客找个台阶下。

(二)交流与谈话技巧

要想做一名优秀的铁路客运服务人员，仅仅有做好服务工作的良好愿望是远远不够的，还必须讲究语言服务技巧，也就是说，要有正确处理好人际关系的能力和语言艺术。

1. 交谈技巧

“以勤为主，话当先。”这是对铁路客运服务人员的基本要求。为旅客服务免不了要交谈，交谈是人与人之间相互交流感情的互动活动。口才好的人，说话受欢迎，能“化干戈为玉帛”，能够相互了解，增进友情。那么，如何掌握交谈的技巧呢？

(1)交谈要真诚

与旅客交谈时,面对对方,保持适当的距离(50～100 厘米),目光注视对方的眼睛,交谈要有诚意,不能油腔滑调,不能胡乱地恭维、过分地说好听的,不然会给人一种虚伪的感觉。也不能傲慢、冷漠、慢待和随便对待旅客。交谈要精神集中,眼神要注视对方,不能东张西望,心不在焉、漫不经心,说话走题、无重点,这样做会使旅客感到你没有诚意和他交谈。

(2)不要说话过头,不留余地

与旅客交谈除了有诚意外,不能过分自信,说话不要用绝对化,没有回旋的余地或一口回绝。例如,旅客需要你帮忙,而你正忙得不可开交,你要是说"不行,我帮不了"那就不好。此时,你可以这样委婉地说明:"我实在有困难,并不是不愿意为您效劳",或者说"非常抱歉,我现在脱不了身,你能不能等到我忙完这件事再去?"这样做,既没有完全拒绝了他的要求,也给自己留下了时间。

(3)礼貌用语不可滥用

如"谢谢""对不起"等礼貌用语的使用,必须发自内心,配之一些眼神动作。如果轻率地说"谢谢",缺乏诚意。如果经常把"对不起"挂在口边,会使人感到莫名其妙,也会对你产生缺乏诚意的印象。

(4)要学会察言观色

人在不高兴、情绪低落的时候,容易发火,粗暴,不想被别人打扰,也不想接受他人的询问,甚至会恶语伤人。此时,与人交谈的口气要温和。亲切,说话要彬彬有礼、委婉动听。千万不要用质问、教训、讽刺、斥责甚至审问的口气与人交谈,这样做很容易发生冲突。

(5)注意避讳

在交谈中,应避讳谈论一些不愉快的事情或对方不愿意回答的问题、反感的问题。不道听途说,忌出言不逊,不谈容易引起争论的话题,不饶舌、不自夸、不"抢说"、不过多使用"我"字、不争辩、不摇头晃脑、不指手画脚、不使用不雅的词语。

2. 说服人的技巧

在铁路客运服务工作中，旅客经常会问许多事情或铁路客运服务人员需要向旅客进行说服工作，例如，铁路规章、规则的解释，铁路旅行常识，旅行不文明行为的纠正等，需要对旅客进行说服。

说服，是以求得对方的理解和行动为目的的对话活动。说服人不是一件容易的事，将会遇到种种有形与无形的抗争，要使说服有效就更难了。这不仅要求说服者的人品令人佩服，而且要以对方关心的事为话题，并符合对方的理解思路。

一般从赞赏和真诚的鼓励开始，不采取强压手段强迫对方接受，要表现出亲切的态度，表明你的提议真实可信，让对方正确理解你的话语。要使谈话的气氛保持和谐、融洽，必须以尊重的态度，引出话题，让对方多发表意见，自己少讲，随时利用语调和手势表示赞同，配合对方所流露出的情绪，做出附和对方的适当的反应，会留下好的印象，使得谈话能顺利地展开。

说服别人的技巧可以归纳为这样几句话：调节气氛，以退为进，争取同情，以弱克强，善意威胁，以柔制刚，消除防范，以情感化，投其所好，以心换心，寻求一致，以短补长。总之，就是针对听者的基本素质状况、所处的地位，当时的心态、接受能力和自己掌握情况的程度说话，这样就能做到说话得体，容易产生共鸣，容易令人接受，容易使人理解，容易让人信服。

3. 避开争吵的技巧

在工作中与个别旅客争吵的事是难以避免的。但这种事情处理不当，不仅影响自己的情绪，而且极易影响铁路的声誉。因此在这种情况下，首先要保持冷静，克制自己的情绪，采取“降温减压”的方式，即用同情、关切、商量的语言或通过中肯诚实的语言相劝，劝其平息怒气，保持平静，这时最能看出铁路客运服务工作中处理问题的水平。如果对方人意见有可取之处，应以宽广的胸怀和诚恳的态度接受其意见。这样做，无论争吵者本人还是其他旅客都会暗暗佩服，并为你的豁达大度所折服。如果与你争吵人的意见是错误的，你无须进行反驳，可以心平气和地同他讲道理，以理服人，使其心服口服。

避开争吵可以避免发脾气。如果自己的情绪失去控制，情绪激动，说些过头的话或做出过激的行为，只会使争吵的人占上风，对你更加有怨气，这无济于事，此时也表现出你缺乏涵养和工作能力。

4. 问话与答话技巧

向旅客发问要注意发问的目的和内容，要考虑对方是否能够回答你提出的问题和愿意回答的心境，因此要用敏锐的眼光观察旅客的表情、反应，确定发问的内容和方式。发问应注意以下四点：

(1)发问前要先拟定发问腹稿，注意发问的速度，不能太急、太慢，这样容易引起对方反感，从而不愿意回答你的提问。

(2)避免含糊不清的措辞，避免使用威胁性或讽刺性之类的问句，避免盘问式或审问式的问句。

(3)对于避讳的问题，或难以启齿的事情，就不宜发问。问句的类型很多，如开放式问句，您对我们的工作有什么看法？探索式问句，您有什么困难需要我帮助吗？选择式问句，您希望我在什么时候为您服务？还有封闭式问句、澄清式问句、含第三者意见的问句、多重式问句、对答案具有暗示性的问句等，这些问句应尽量少用，并做到“多听少说”。

(4)回答旅客提问，要有礼貌，有道理，巧用婉转、含蓄的语言进行回答，避免因直言快语的回答引起失敬和失和。解释铁路规章的出发点还是要为旅客服务，而不是用铁路规章束缚旅客。反驳不用粗活，自卫不带谩骂，出言机智，理礼双全，不得罪和伤害对方，使旅客礼中知理，心悦诚服。

5. 赞美与批评技巧

(1)赞美的技巧

渴望赞美是人性的最爱。每个人都希望他人能肯定自己的优点和长处，从而肯定自己的价值。怎样掌握赞美的技巧呢？

首先要认识赞美的作用。适度赞美对方，能够创造出一种热情友好的交往氛围,能使对方形成良好的行为规范和道德风貌,积极与你合作,共同创造一个舒适的环境。适当的赞美,可以产生亲和心理,能使你与旅客的心理距离拉近,关系融洽、和谐,心境美好。

其次把握赞美的原则。赞美的原则有:良好的动机与客观实际相一致的原则,情景交融的原则,热情具体的原则,适度的原则。例如,当一个人正苦恼时,你却去赞美他,他不但听不进去,反而感到反感,认为你在有意讽刺他的失败,看他的笑话。如果用过头的或是肉麻的恭维话,会令人感到你在轻蔑他,不怀好意。所以,赞美他人必须掌握原则。

再次就是掌握赞美的方法。一般用得多的方法有:直接赞美,当着对方的面,以明确具体的语言,微笑着赞美对方的行为、能力、外表,特别是当着大家的面赞美他,产生的效果更佳,例如,“您这一身打扮,可年轻了10岁”“一看您就是一个知书达理的人”。间接赞美,可以运用语言、眼神、动作、行为等向对方折射你的心情。中介赞美,通过第三者,表示对他的工作、行为的赞扬,如他觉得您很不错,是一个信得过的人。

(2)批评的技巧

对被批评者来说,批评或多或少都有自尊心被伤害的感觉。旅客由于不熟悉铁路规章,或不小心,或缺乏自觉性,产生某些过失行为,是难免的。如果当着大家的面批评他,很容易伤害他的自尊心,使其感到非常的不愉快,甚至会发生纠纷。因此批评更要讲究技巧,以达到纠正的目的。批评一般采取温和、渐进、商讨、发问的方式进行为好。旅客有了过失行为,请他到合适的地方,给他讲清利害,给予必要的关心和安慰,这样会使批评的效果更好。批评的态度要温和,不可声色俱厉,让人接受不了。以庄重严肃的态度批评,这是对对方的一种尊重,也较为容易接受。

(三)谈话与沟通礼仪

1. 谈话与倾听的礼仪

谈话是人们交流感情、增进了解的主要手段。谈话是一门艺术,谈话者的态度和语气极为重要。铁路客运服务人员与旅客谈话或倾听旅客讲话时，应注意以下几点：

(1)与旅客谈话要全神贯注，不要左顾右盼、心不在焉。

(2)谈话中采用提问、赞同、简短评论、复述对方话头、表示同意的方法，例如，“你看法如何呢”“再详细谈谈好吗”“我很理解”“想象得出”等。总之，鼓励对方把自己的话说完。

(3)在未清楚对方全部的真实意图之前，不可贸然提一些反驳或刁难性的话语，不可中途打断他，或给对方的话下武断性的评论。

(4)热情耐心，并显出对旅客谈话内容的兴趣，而不介意其他无关大局的地方，如浓重的乡音或读错某个字。

(5)谈话中尽量不使用外语和方言。

(6)谈话中不可能总处于“说”的位置上，只有善于聆听，才能真正做到有效的双向交流。

(7)谈话避免出现沉默，适时插入恰当的话题。

2. 劝告与说服语言礼仪

在工作中铁路客运服务人员会面对顺意旅客、逆意旅客和中间旅客。不同类型的旅客对铁路客运服务的理解、要求、消费心理和评价标准都有较大差异。当遇到无法满足旅客要求的情况时，常常需要用到劝说和说服的语言。

部分的承认或称赞对方的说辞，使拒绝易于被接受。首先认同旅客的意见或肯定对方的人格，再予以拒绝。这是世界上最古老的心理技巧，用起来十分有效。因此，采用“是，是，不过……”的拒绝方式，能产生较好的效果。

充分了解、体谅对方心态。说服旅客之前必须深入了解对方为什么会这样选择，站在对方角度体谅旅客的心态，向他们表示自己的同情和理解。

把握说服的时机。充分倾听旅客诉说，用语言表示自己的关怀体贴，取得对方信任后，才能解释自身的立场、困难等情形，以求对方谅解。千万不能在对方情绪激动或不稳定时，或者在对方喜欢或敬重的人在场时，在对方的思维方式极端强势时强行说服对方。

掌握说服技巧。在与旅客交流过程中，劝告或说服旅客改变主意时，必须注意说话技巧，避免发生误会和冲突。

3. 应答语言礼仪

铁路客运服务人员在与旅客交谈的过程中，常常会遇到旅客的询问，如何回答体现了铁路客运服务人员的礼貌修养和专业素质。首先，应该注意答询用语要求热情有礼，认真负责，耐心细致。其次，应把握回答要领，讲究回答技巧。在解答旅客的问题后，要了解旅客是否明白和满意。对旅客的提问不能直接表示拒绝，更不能置之不理，而是应该用肯定的语气回答对方，并向旅客表示歉意，同时推荐其他解答方式，绝不能使用。“这事不归我管”“不知道”等生硬的语言。

4. 接待投诉旅客的技巧

代表客运人员对工作中的不足赔礼道歉。针对旅客提出的合理要求，采取相应措施。虚心接受旅客的意见，在自己的权限内给出处理方案，表示出处理的诚意。

5. 劝告与说服的技巧

客运工作人员面对的旅客来自各行各业，难免遇到一些不同意见的旅客，这就需要劝导或说服对方。劝导时要换位思考，了解对方的心理状态，明了对方的心思，采取立足对方的劝说方法，尽量展现客运人员的诚意和善意，增强理解。

6. 回答旅客提问的技巧

客运工作中经常遇到旅客提问，回答旅客提问时要站稳，面向旅客回答，耐心而热情，解答时简洁准确，要注意礼貌、得体，讲究回答技巧，切忌给人一种不友好、不平等、不耐烦的感觉，避免使对方误会。在与旅客谈话和沟通中，要注意以下几个方面：

(1)选对话题

应当避免谈论的话题包括：不利于宗教、民族团结的话题；不吉利的事或别人没兴趣的事；别人的隐私，如工资、年龄、婚姻等；不要在背后对别人作消极评论。

可以谈论的话题有：别人所在行业的，别人有兴趣的话题；中性话题，如天气、经济、政治、体育新闻；有助于交流的个人爱好，如运动、音乐、收藏等；任何鼓舞人心的、积极的消息；别人的优点。

(2)注意方式

车站场所不宜窃窃私语；和旅客交流时，应认真听取、回答，表示关注，不宜左顾右盼、心不在焉；当对话旅客超过三人时，应不时同其他所有的人都谈上几句话；谈话中要运用眼神、表情、体态、手势等无声语言表示关注；谈话中要及时回答对方的提问，并且所答即所问；谈话中要适时的提出自己的问题，加强交流；参加他人正在进行的谈话，应征得同意，不要悄悄地凑上前去旁听；有事要找正在谈话的人，也应立于一旁，当他谈完之后再去找他；若在场之人欢迎自己参加谈话，则不必推辞；在谈话中不应当做永远的听众，一言不发与自吹自擂都是极端，同样会令众人扫兴。

(3)善于倾听

沟通中，有说的一方，就要有听的一方。很多时候，对方不是要探讨问题，而只是想找寻一个倾诉对象。倾听，也是对他人的尊重，是理解与宽容，是修养和美德，更是一种生活的艺术。倾听对方谈话时，要自然流露出善意，这才是有教养、懂礼仪的表现。身体微微倾向说话者，表示对说话者的重视；注视对方，与对方保持眼神交流；以恰当的体态语言，如点头、摇头、皱眉、微笑等，对谈话做出反应。

(4)态度谦和

谈话是一门艺术，谈话者的态度和语气极为重要。在谈话时要温文尔雅，不要强词夺理，更不能恶语伤人、讽刺谩骂、高声辩论、纠缠不休。在这种情况下即使占了上风，也是得不偿失的。因为这种傲慢、放肆、自私的形象，会让人敬而远之。

应该表现的谈话态度：即使自己是行家，也应保持谦虚的姿态；声音大小适中，语调平稳；讲话亲切自然，不矫揉造作；语言表达和表情举止等非语言表达一致；真实地表达自己的情感和想法。

应该避免的失礼之举：谈起话来滔滔不绝，容不得其他人插嘴，把别人都当成了自己的学生；为显示自己的伶牙俐齿，总是喜欢用夸张的语气来谈话，甚至不惜危言耸听；以自己为中心，完全不顾他人的喜怒哀乐，从始至终谈的只有自己；专好打破砂锅问到底，没有什么是不敢谈、不敢问的。

第三节　站务服务仪态

在铁路客运服务工作中，除了口语交流服务外，还有体态（形体）语言服务，它是无声的语言，作用同口语服务一样重要，表现得当，胜于单纯仪容之美。所以，铁路客运服务人员在工作中必须心神专注地注意体态的表现。

形体语言是指铁路客运服务人员的形体动作和表情所表达的语言的效果，有时会给人超越有声语言的影响力。客运人员的体态语言实施要领有以下几点：

（1）举止端庄，彬彬有礼。铁路客运服务人员举止端庄大方是服务行为实施的前提条件。没有一个良好的举止礼仪素养，所表现出的行为就是不符合标准的。在为旅客服务的过程中，铁路客运服务人员的举手投足都应有礼有节，动作有条不紊，言谈举止彬彬有礼，给旅客一种端庄、稳重、温柔、和气的感觉。

（2）以客为尊，亲切自然。坚持以“以旅客为中心”的原则，用实际行动尽量满足旅客的正当需求。对于旅客提出的意见，要虚心接受；对于旅客提出的问题，要耐心回答；旅客遇到困难时，要帮助解决。无论何时，铁路客运服务人员的服务行为都应表现得温柔自然，和蔼亲切。

（3）作业规范，操作标准。铁路客运服务人员应按照业务操作流程进行作业，服务标准化。在标准原则不变的情况下，应提倡灵活作业，因人、因时、因事进行变通服务，服务行为标准化，作业流程的规范化，会给旅客一种安心、正规的感觉。

(4)勤于思考，关心旅客。铁路客运服务人员应想旅客之所想，充分了解旅客的需求，才能为旅客提供优质的服务。

一、面部仪态

(一)面部表情语言技巧

面部表情语言技巧要注意：要面带微笑，和颜悦色，给旅客以亲切感。不能面孔冷漠，表情呆板，给旅客不受欢迎的感觉。

1. 当旅客向你的岗位走过来时，无论你在干什么，都应暂停下来，主动和旅客打招呼。当旅客和你说话时，要聚精会神，注意倾听，给人以受尊重的感觉。不要没精打采或漫不经心，给旅客以不被尊重的感觉。

2. 要坦诚待客，不卑不亢，给人以真诚感。不要诚惶诚恐，唯唯诺诺，给人以虚伪感。

3. 要沉着稳重，给人以镇定感。不要慌手慌脚，给人以毛躁感。

4. 要神色坦然，轻松，自信，给人以宽慰感。

5. 不要带有厌烦，僵硬，愤怒的表情；也不要双眉紧锁，满面愁云，给旅客以负重感。

(二)眼神表情

俗话说“眼睛是心灵的窗口”，“眼睛会说话”。这是由于人的情绪使得眼睛、面部的不同变化产生不同的眼神表情，它给人以不同的感受。例如，美丽、动人的眼神，是一种善意、友好的表情，给人一种讨人喜欢的感觉。轻蔑、傲慢的眼神，是一种轻视、高傲自大的表情，给人一种不愿意与之交往的感觉。聪敏、机灵的眼神，是一种深邃、炯炯有神的表情，给人智慧和力量的感受。温柔的眼神，是一种关爱、亲切的表示，给人一种和善、乐意交往的感觉。

眼神表情主要是目光投向不同，从而给人的感受也不同。例如，目光向上看，上扬着脸颊和半掩着眼睛，是一种邀请。目光向上向远，则是目中无人、高傲自大的表现。目光向下看，有时是表示等待对方的回答。目光略为朝下看，表示自己的情真意切。当与人谈话时，目光向下看对方的下巴，表示礼貌。目光向下看，而且躲躲闪闪，不好意思，又给人一种害羞软弱的感觉。东张西望的目光，会引起人对你的注意和提防。当被介绍与人认识时，眼睛要看着对方的脸部，切勿将对方四下打量，否则是不礼貌的表现。当对方和你谈兴正浓时，切勿东张西望转移视线，否则对方会以为你听得不耐烦。目光直盯一个人身上，特别是女性，这样做是不礼貌的表现。正视对方的眼部，表示对对方的尊重、对谈话的内容感兴趣，也表示女性的尊重。

在铁路客运服务中，用热情、友好、诚实、善良的眼神来对待旅客，不仅显示出你有礼貌，而且能让你做好服务工作。如果你用冷漠、奸诈、嘲笑、蔑视的眼神对待旅客，不仅表现出不礼貌，而且工作注定要失败，还会得到旅客的批评。因此铁路客运服务人员在同旅客交谈中，要精神集中，注视旅客，重视谈话内容，切忌漫不经心、左顾右盼、东张西望，或头不抬、眼不睁，上下打量对方，直视、眯眼、瞪眼、白眼鄙视旅客，这样做会使旅客产生反感，使其情绪不安，甚至发生不愉快和争吵。在回答旅客询问时，两眼要平视对方面部，微笑相对，表现出对对方的一种尊重、认真的态度。

1. 正视对方

与打招呼、交谈、致谢、道歉时，如果能够眼睛看着对方，会使人感到你的真诚、友善、信任、尊重。交谈中，还要注意目光注视对方的同时，应使身体伴随对方的移动而适当转动。尽量使自己面朝对方，注视对方。这是一种基本礼貌，斜眼看人，扭头视人，或者偷偷看人都难以表达出尊重他人的意思。

2. 注视对方

与人交谈时，往往会伴有目光的交流。面对面交谈时，出于礼貌，需要重视对方。如果目光左顾右盼，东张西望，对方会感到你的心不在焉，缺乏诚意或是心中有鬼，注视中应当正确把握视域，非亲人之间，注视对方的头顶、胸部、腹部、臀部和大腿都是失礼的表现。特别是与异性交谈中特别要控制视域。

3. 避免盯视、扫视

目光的运用应该“散点柔视”，即让目光均匀地洒在对方脸上，如果谈话中出现短暂的沉默，应当将视线暂时从对方脸上移开，恢复交谈时再注视对方脸部。一直盯着对方看，会给对方形成心理压力，让对方感到紧张。

扫视，即用目光上下打量他人，这种目光会让被注视的人感到自己被怀疑，不被尊重。这是一种对他人极不礼貌的目光，在日常社交中忌用这种目光。铁路客运服务人员在工作中尤其应当避免对旅客使用扫视的目光。

(三)唇部表情

不同的唇部姿势有着不同的含义。例如，撅起嘴，表示轻微的不高兴或生气；

努努嘴，表示怂恿和撺掇；撇撇嘴，表示轻蔑和讨厌；咂咂嘴，表示赞叹或惋惜。

(四)笑容表情

俗话说“出门看天色，进门看脸色。”铁路客运服务人员与旅客之间没有什么根本性的利害冲突，只是存在着一种服务与被服务的关系，试想难看的脸色，能给旅客留下什么好的印象吗？

笑是人类思想、情感、情绪外在表现的一种形式，是人们对客观生活现象的一种主观的反映。笑，是面部表情表现的一种形式。笑有许多种，如微笑、欢笑、苦笑、讥笑、奸笑、假笑等。对笑的描绘也有许多词语，如笑容可掬、喜笑颜开、皮笑肉不笑等。在社会交往中，每个人都愿意同面带微笑的人交往。

在铁路客运服务中，最常用的笑是微笑，这是职业需要。微笑是一种无声的语言，表示友善、谦恭、和蔼、可亲、融洽，给人以热情、温暖、亲切、友好的感觉，产生的效果最好。微笑可以使人们的心灵得到沟通，人格得到升华，人情得到融合，从而显示你的魅力。

微笑是一个人的涵养、精神面貌、高超技能的展现。微笑服务，实际上你没有做出什么付出，就会使旅客有可亲可信的感觉，旅客心情愉快了，就会称赞你，这就是微笑的作用。当然，发出真正的微笑并不容易。首先微笑的产生需要是发自内心的、心甘情愿的服务愿望，有了这种愿望，就有了职业责任感，就会把旅客当作自己的亲人、朋友对待，深刻理解旅客的心理状态，产生发自内心的真诚的微笑，主动关心他们的需要，做好服务。其次是要有自我控制情绪的能力，若在上岗前碰到烦恼的事情，甚至伤心的事情，要尽量排除这种心理干扰，尽快进入工作状态。微笑会让你更加美丽，更加具有魅力。发自内心的真诚的微笑，这样既可融洽同旅客的关系，又可增进相互的了解，使旅客处于愉快的心理状态。一个不会微笑的车站铁路客运服务人员是不容易得到旅客的赞赏的。微笑可以通过自我训练养成。其方法是口角的两端要平均地向上翘起，心里高兴，口里默念普通话的"一"或"茄子"或"田七"字音，加上眼睛显示出笑容。

1. 表现心境良好。面露平和欢愉的微笑，说明心情愉快，充实满足，乐观向上，善待人生，这样的人更容易展示性格的魅力，也更容易吸引他人。

2. 表现充满自信。保持微笑，表明对自己的能力，有充分的信心，以不卑不亢的态度，与人交往，使人产生信任感，容易被别人真正的接受。

3. 表现真正友善。微笑反映自己心底坦荡，善良友好，待人真心实意，而非虚情假意，使人在与其交往中自然放松，不知不觉地缩短了心理距离。

4. 表现乐业敬业。工作岗位上保持微笑是热爱本职工作，乐于恪尽职守的表现。同时，微笑更是可以创造一种和谐融洽的氛围，让服务对象倍感愉悦和温暖。

二、服务姿态

姿态，就是一个人的动作姿势和态度的综合表现。具体地讲，姿态就是讲究人的站、坐、走、蹲的样子。俗话说:“坐有坐相,站有站相”。容貌好、“相”不好不能体现一个人的仪态好。一个人姿势端庄、态度和谐,会使人产生愉悦和亲切的感受,板着面孔、冷若冰霜、姿态难看,则会令人产生反感和生厌的感受,同时也会埋下发生冲突的种子。

端庄的姿态给人一种经过训练、有教养的感受,体现一个人的思想修养和精神状态。车站铁路客运服务人员在车门立岗迎接旅客上车,站的姿势弯腰驼背,两腿大开,或抱臂腆肚,就是一种不雅的动作,显得失礼,会给旅客留下不好的印象。由此可见,站、坐、走的姿势正确与否,能直观地反映出一个人的精神状态和形象。

英国美学家培根对人体美的评价是这样说的:“相貌的美,高于色泽的美,而秀雅合适的动作,又高于相貌的美,这是美的精华”。这里所讲的“秀雅合适的动作”,就是讲的优美协调的姿态。一个人有优美的体形,没有文雅的姿势,也不能显潇洒、有气质。一个人只有美丽的容貌和华丽的服饰,而没有优美协调的姿态,也不会体现出形象美。可见,优美协调的姿态对一个人的形象美、气质美、风度美是何等的重要。一个的相貌、形体、肤色虽然是先天的,但人的姿态优美却是可以通过训练培养的。我国古人很讲究一个人的姿态修养,要“站如松,坐如钟,行如风,睡如弓”。它不但是人体美学的高概括和总结,而且是促进人们身心健康,体现精神风貌的重要途径和标准。下面就站、坐、走的姿势做一些介绍。

(一)站　姿

站姿是礼仪之首,是优雅举止的基础。优美的站姿会显得人修长挺拔、高挑苗条。

站姿的基本要求:挺胸收腹,双肩下沉,颈部正直,收下颚,身体自然挺直,面带微笑。

男性铁路客运服务人员:男士两脚分开、脚尖朝正前方,平行站立,双手在身后交叉,左手半握拳,右手握左手手腕处,或双手自然下垂,手指并拢伸直靠身旁。

女性铁路客运服务人员：双脚靠拢右脚略后，脚尖分开成“丁”字形，双手四指并拢，交叉相握，右手叠放左手之上，自然垂于腹前。

铁路客运服务人员应将优美的站姿体现在工作中，融入仪态举止中，做到规范与自然相结合，动作自如，分寸得当，使人感到既有教养，又不做作，挺拔端直犹如劲松，构成人体优美的曲线，给人一种气宇轩昂、稳如泰山、生机勃勃的风度美的感受。

为旅客服务时，头部可以微微侧向自己的服务对象，但一定要保持面部的微笑。手臂可以持物，也可以自然地下垂。正确健美的站姿会给人以挺拔笔直、舒展俊美、庄重大方、精力充沛、信心十足、积极向上的印象。站立时不要过于随便，不要探脖、塌腰、耸肩、双腿弯曲或不停地颤抖。

(二)走　　姿

走路是人们生活中的一种活动方式，反映一个人的形象。走的姿势要好、要美、要有精神，就有一定的要求，具体包括：上身挺直，两肩平稳，目光平视，微收下颌，面带微笑；手臂伸直放松，手指自然弯曲，摆动时以肩关节为轴，上臂带动前臂，两臂前后自然摆动；行走线路要成为一条直线；脚尖稍微抬起，脚跟先接触地面，依靠后腿将身体重心推送到前脚脚掌，使身体前移；步幅适当，一般前脚跟与后脚的脚尖相距为一脚长。遵循原则为：精神饱满、自然平稳、脚步轻盈、庄重大方。行走时要注意做到挺胸、收腹、沉肩；双手自然摆动，身体重心略向前倾；低抬腿，轻落步，双肩并齐，表现精神饱满，有朝气；为旅客引领时，应走在旅客前方 1 米左右，随时注意旅客是否跟上。

在工作岗位上，铁路客运服务人员应避免以下行为：

1. 横冲直撞。有的人在行进之时，不懂得要尽可能地避免在人群中穿行，却偏偏乐于专拣人多的地方行走，甚至在人群之中乱冲乱撞，直接碰撞到他人的身体。这是一种及其失礼的做法。

2. 悍然抢行。懂得礼貌的人一定知道，每一个人在行进之时，都要注意方便和照顾其他的人。在人多路窄的之处，通过时务必要讲究“先来后到”。

3. 阻挡道路。铁路客运服务人员在大庭广众之前行进时，一定要顾及他人的存在。为此，不仅要选择适当的行进路线，与同时行进的其他人员保持一定的方位，而且还要保持一定的行进速度。铁路客运服务人员还须切记，一旦发现自己阻挡了他人的道路，务必要闪身让开，请对方先行。

4. 跑跳奔走。假定有急事要办的话，铁路客运服务人员可以在行进之时努力加快自己的步伐，但最好不要在工作之时匆忙跑动，尤其是不要当着服务对象的面，突如其来地狂奔而去。那样的做法，通常会令其他人不明真相，猜测不已。

5. 制造噪声。为了使自己的行走无碍于他人，铁路客运服务人员还应有意识地使之悄然无声。要特别注意，走路时要轻手轻脚，不要在落地时过分用劲，上班时不要穿带有金属鞋跟或钉有金属鞋掌的鞋子，同时鞋子一定要跟脚，否则走动时它也会发出噪声。

行走要礼让，与旅客走对面时要主动停下，伸手示意让路，不与旅客抢道。客运人员集体出行出站时，要列队行走，女性在前，男性在后，客运值班员在队列左侧中后部同步行走。

(三)坐　　姿

优雅的坐姿传递着自信、友好、热情的信息，同时也显示出高雅庄重的良好风范，要符合端庄、文雅、得体、大方的整体要求。坐姿与站姿同属一种静态造型。正确规范的坐姿要求端庄而优美，给人以文雅、稳重、自然大方的美感。

基本要求：入座前，腿与座椅应有 30 厘米的距离；落座后，上身挺直，略向前倾，不得斜肩、倾背、抱胸、曲腰或闭目，不得打趣、玩笑和直接面对旅客整理个人仪容仪表，注意保持专业化坐姿和良好精神面貌。

坐姿基本要求如下：

1. 入座时，要轻、要稳。

2. 面带微笑，双目平视，嘴唇微闭，微收下颌。

3. 两肩往后平展，挺胸，直腰，收腹，自然放松，两臂自然弯曲，手掌放在膝盖前，亦可放在椅子或沙发扶手上，掌心向下。

4. 双膝、小腿自然并拢、靠紧，脚尖朝前，双腿正放或侧放，双脚并拢或交叠。男士入座时，双膝可以分开，膝、脚尖朝前方，双手五指伸直或轻握拳放在双腿上，女士入座时，若穿着裙子，应将裙摆稍稍收拢一下，两腿并拢，不可叉开，右手在左手上，两手虎口交叉，放在左腿靠近膝盖的地方。

加强姿态修养，就要在工作和社会交往中用美的思想、美的品德、美的标准，要求自己，约束自己，注意不洁不雅的小动作，例如，在众人面前抓耳挠腮、挖耳朵、挖鼻子、咬手指，坐时弯腰驼背，跷二郎腿，抖动不止等。注意清洗自己的手和修剪指甲，保持清洁，经常洗澡控制身体的异味，如汗臭、口臭、体臭。

女性铁路客运服务人员做到上述要求，体现出女性的文静典雅之美和良好的思想修养和精神状态。男性铁路客运服务人员要做到上述要求，体现出男性的“阳刚之美”和良好的思想修养、精神状态。

三、动作语言

动作语言是一种无声的、以人的肢体动作来表达人的意识行为的方式。有了它的配合，同样会起到增强接待、交谈、演讲的力度和气势的效果。就车站服务工作而言，动作语言有以下几种：

(一)手　势

手势是无声音的动作，它能表达人的一些思想，如鼓掌欢迎，手臂一摆，表示“请”，食指和中指分开，表示“胜利”，大拇指竖起，表示“好”，手指着自己的鼻子尖，是一种极不文明的手势，常见于打架、骂人的时候，手指着他人，指指点点是不礼貌的动作，等等。

1. 常用手势

(1)站立时，双手指尖朝下，掌心向内，在手臂伸直后，分别紧贴于两腿裤线之处。双手伸直后，自然相交于小腹处，掌心向内，一只手在上，一只手在下的叠放或相握在一起。

(2)坐时,身体趋近桌子,尽量挺直上升,将双手放在桌子上时,可以分开,叠放或相握。但不要将胳膊支起来,或是将一只手放在桌子上,一只手放在桌子下。

(3)递接物品时,双手为宜,不方便双手并用时,也要采用右手,用左手通常视为无礼。将有文字的物品递交他人时,需使之正面面对对方递上;将带尖、带刃或其他易于伤人的物品递于他人时,切勿以尖、刃直指对方。

(4)展示物品时,将物品举至高于双眼之处,这是于被人围观时采用;将物品举至上不过眼部下且不过胸部的区域,这适用于让他人看清展示之物时采用。

(5)指示方位时包括:横摆式,即手臂向外侧横向摆动,指尖指向被指引和指示的方向,适用于指示方向。直臂式,手臂向外侧横向摆动,指尖指向前方,手臂抬至肩高,适用于指示物品所在。曲臂式,手臂弯曲,由体侧向体前摆动,手臂高度在胸以下,适用于请人进门。斜臂式,手臂由上向下斜伸摆动,适用于请人入座。以上四种形式都仅用于一只手臂,另外一只手臂此时可垂在身体一侧或背于身后。

一般来说,掌语有两种,手掌向上表示坦荡、虚心、诚恳;手掌向下则表示压制、傲慢和强制。所以,铁路客运服务人员和旅客说话时,必须手臂伸直,手指自然并拢,手掌向上,以肘关节为轴,指向目标,切记用手指指点点。和旅客交谈时手势不宜过多,幅度不宜过大。在给旅客递东西时,应用双手恭敬地奉上,绝不可漫不经心的一扔。

2. 常用的错误手势

(1)指指点点。勾动食指和除拇指外的其他四指招呼别人,用手指指点点他人,都是失敬于人的手势。其中食指指点他人,即伸出一只手臂,食指指向他人,其余四指握拢手势,因有指斥、教训之意,尤为失礼。

(2)随意摆手。与人交谈或是服务工作中,不要随意向对方摆手。即不要将一只手臂伸出,手指向上,掌心向外,左右摇摆。也不要掌心向上,内手臂由内向外的摆动。这些手势都有抵触、拒绝、不耐烦之意。

(3)双臂交叉于胸前。这种姿势往往有傲慢、气愤的含义,或是置身事外,旁观他人观看笑话之意,服务工作中应特别注意避免出现。

(4)摆弄手指。时下经常听到一些男士挤压自己的手指,发出关节的响声;或是看到反复握拳松拳的动作,这都会让人会让旁人感到你的焦躁情绪。

(5)手插口袋。手插口袋容易给别人你在休息的感觉,这在工作中应避免出现,尤其是铁路客运服务人员的岗上工作中。

(6)伸懒腰。伸懒腰是劳累、困倦的表现,如果在工作时打哈欠、伸懒腰,会给人懒散、懈怠之感。

3. 握手礼

握手是人们日常交际的基本礼仪,从握手可以体现一个人的情感和意向,显示一个人的虚伪或真诚。握手时陌生人之间第一次的身体接触,只有几秒的时间。但是正是这短短的几秒钟,它如此之关键,它决定了别人对你的喜欢程度。握手的方式、用力的轻重、手掌的湿度等等,像哑剧一样无声地向对方描述你的性格、可信程度、心理状态。握手的质量表现了你对别人的态度是热情还是冷淡、积极还是消极,是尊重别人、诚恳相待,还是居高临下、屈尊地敷衍了事。

一个积极的,有力度的正确的握手,表达了你的态度好、可信度高,也表现了你对别人的重视和尊重。一个无力的、漫不经心的、错误的握手方式,不仅不会有积极的效果,反而会起到不好的作用。这轻轻的一次握手,传达出热情的问候、真诚的祝福、殷切的期盼、由衷的感谢,因而,要学会握手的常识和细节。

标准的握手姿势应该是平等式,即大方地伸出右手用手掌和手指用一点力握住对方的手掌。纯礼节意义上的握手姿势是:伸出右手,以手指稍用力握住对方的手掌持续1～3秒,双目注视对方,面带笑容,上身要略微前倾,头要微低。握手必须基于双方的自然意愿,不可强求。

握手礼是一种“尊者决定”的礼节，由地位高、年龄大的人决定是否握手。原则上女士、长者、大人物应先伸出手表示友善，另一方此时才可以伸手互握，时间以 3 秒左右为原则，不可一直握着。若对方的手不放，握手力量也须适中，过重让人不舒服、太轻给人感觉只是在敷衍应付对方。一般情况下，握手均应取下手套，若戴手套须先将要握手的那一只手套取下，待握完手后再戴上方才符合礼仪规范。

单手握，是最普通的握手方式，两人会面时，双方各自伸出右手，手掌呈垂直状态，四指并拢，拇指张开，肘关节微屈抬至腰部，上身微倾，目视对方与对方右手相握，并可适当上下抖动，以示亲切。

双手握，表示对对方加倍的亲切和尊敬。自己同时伸出双手握住对方的右手。它的适用范围是：年轻者对年长者，身份低者对身份高者。握手时可以用问候、关心、欢迎、致歉、祝福等类型的话语，以增加气氛和情感。

握手的禁忌有：不分顺序。握手，讲究以尊者决定，来确定伸手的先后顺序，即女士、长辈、老师、职位高者先伸出手来之后，男士、晚辈、学生、职位低者方可与之相握。在握手时，务必要双目正视对方双眼，以示专心致志，如左顾右盼，或者忙于招呼其他人，都是对握手对象的失敬。握手时不要敷衍了事，心不在焉，不要有嫌弃勉强之意。用力不当，握手时用力过重，会弄疼对方；而用力过轻，则有敷衍了事之嫌。与人握手，特别是与异性或初识之人握手，不宜过久，一般有 3 秒左右即可。

(二)鞠　躬

鞠躬礼在铁路客运服务中运用很多，例如，在贵宾候车室迎送旅客时，均应采用鞠躬礼。行鞠躬礼时，须脱帽、呈立正姿势，脸带笑容，目视受礼者。鞠躬时应面带微笑，双脚并拢，脚尖略分开，双手四指并拢，交叉相握，右手叠放在左手之上，自然垂直成一条直线，上身抬起时，要比向下弯时稍微慢些；视线随着身体的移动而移动，视线的顺序是：旅客的眼睛—脚—眼睛。迎送客时和行还礼时，身体鞠躬为 30 度。给旅客道歉时，身体鞠躬为 45 度。

(三)取拾物品

拿取高处的物品时,手臂上举要姿态优雅;必要时,可踮起后脚跟以增加身体的高度。拾捡地处的物品时,半腿弯曲、动作轻缓,文雅大方。工作中需要下蹲时,上身需略前倾,采用单腿弯膝的下蹲姿势,动作不宜过快过猛,并随时注意来往的旅客。在较低位置取拾物品时,不得弯腰,必须下蹲。下蹲时,一腿在前一腿在后,双腿并拢,腿高一侧的手轻扶在膝盖上,腿低一侧的手用来取拾物品,背部尽量保持自然挺直,轻蹲轻走,直蹲直起。

(四)端拿递送

服务时面带微笑,和旅客有适当的语言交流和眼神交流。

端托盘时,双手端住托盘的后半部分,大拇指紧握托盘内沿,其余四指头托住托盘底部;托盘的高度应在腰间以上胸部以下,托盘端平,微向里倾斜;托盘上放置的物品不应过高,以不超过胸部为宜。

拿东西时,应轻拿轻放。拿水杯时,应该一手握住水杯把(无把手杯应拿水杯的下 1/3 处),一手轻托水杯底部,递送东西时,应站在旅客的正面与之成 45 度的地方,双手递送;递送东西应到位,当对方接稳后再松手。

第四节　站务服务技能

车站是铁路的“窗口”,热情周到的服务能让“窗口”更明亮。客运人员不仅要有娴熟的业务技能,还要有一定的服务技巧,让每一位旅客感受到真诚的服务。

一、问讯服务

(一)一般问讯服务

1. 当旅客来到你面前,你应面带微笑地正视他,并彬彬有礼地问上一句“您需要帮助吗?”这样,很快就会消除旅客的焦虑和不安的情绪,双方可在融洽的氛围中交流。

2. 当旅客向你询问时,应热情回答他的提问。在路上遇到有人问讯时,应停下脚步主动关切他,“先生(女士),您有什么事需要我帮忙吗?”,以示你的诚恳和亲切。

3. 解答旅客问讯,应做到首问负责制,对不知道的事或拿不准的事不要信口开河,敷衍旅客。应把旅客带到问讯处或和有关岗位去咨询,力求问讯工作的善始善终。

4. 当旅客向你问路时,如果你知道他所问的地方,应清楚详细地告诉对方怎么走,必要时可以画一张路线图;若不知道,可以说,“对不起,先生(女士),您说的这个地方我不太清楚,不过您可以到车站问讯处,让那儿的工作人员帮您查一下地图,好吗?”这时,你应马上带他到问讯处,或清楚地指示他怎么走才能到问讯处。

在问讯服务中,应尽量做到百问不厌、百问不倒。

(二)问讯处服务

1. 问讯处是旅客求助的中心,应为旅客提供整洁明亮的问询环境和先进的问讯设备。设备尽量采取“开放式”,让旅客与铁路客运服务人员面对面进行微机和联网查询,有条件车站还应安装触摸式电子查询设备,以供旅客查询。另外,还应提供丰富的问讯资料供旅客翻阅。

2. 面对旅客的询问,应双眼正视旅客全神贯注地倾听,注意不要随便打断对方的问话,要让对方把话讲完。需要插话时,应当在对方讲话告一段落时再进行。不要直接否定对方的讲话,更不要“抬杠”。如果没有听清旅客的问话时应说“对不起,请您再说一遍,好吗?”

3. 回答询问时要站立端正,使用普通话,声音大小适中,语气要温和,耐心、愉快、准确地回答。同时,应注意对旅客一视同仁,不要以貌取人,要以丰富的业务知识,用自己的热情、真诚来赢得每位旅客的信任。当旅客向你表示感谢时,应微笑谦逊地回答“不用谢,这是我应该做的。”

4. 如果有众多旅客询问时,要从容不迫地一一作答,不能只顾一位,冷落了其他人。凡是答应旅客随后再作答复的事，一定要遵守信用，适时做出答复。

二、危险品检查服务

1. 检查前，应主动说“谢谢您的合作”，并主动伸手帮旅客把包放到检测仪上或抬到桌子上例行检查。如果旅客较多，应手脚利索地协助旅客进行检查，同时提醒下一个旅客做好准备，以加快速度。

2. 检查中，对旅客携带物品有疑问时，最好不要当着其他旅客的面检查包内的违禁品，应把包拿到一旁，协助公安执勤人员开包检查。开包时，应由旅客自己开包，再进行检查。检查时，应注意动作幅度，不能乱翻乱找，检查完毕，应主动为旅客关包。发现了违禁品，应保持平和的心态，详细向旅客指出哪些物品属于违禁品，严禁带进站、带上车，同时没收违禁品。若未发现违禁品，应当立即向旅客致歉，以示诚意。

3. 检查过后，应向旅客表示感谢“对不起，给您添麻烦了，祝您旅行愉快，再见”。

三、候车室服务

候车室是旅客等候乘车的场所，昼夜都有大量的旅客流动，客运人员必须为旅客创造一个整洁卫生、秩序良好的候车环境。

1. 卫生宣传要讲究艺术，忌用警告的语言。很多铁路客运服务人员喜欢直接套用、罗列规章，认为这样宣传比较有威慑力，例如“根据××部门的规定，一不准……二不准……否则罚款”等，这种生硬的语气让人听后感觉很不舒服，甚至会使旅客产生逆反心理。

2. 清扫卫生应把握好时机，应根据列车开、到时刻，在候车室内旅客较少时进行清扫工作，减少对旅客的干扰。清扫时服务态度应热情，语言表达上应该更多地体现出相互尊重、友好相处的意愿。例如，扫地需要旅客配合时，可以轻轻地说“对不起，请您抬一下脚”。扫地结束后，为感谢旅客的配合，应说“谢谢”。

3. 旅客候车，客运人员应主动迎候，随时为他们提供服务，指明他们确切的候车地点，按照“人坐两行，包摆一趟”（小物件除外）的方法，安排旅客候车，这样既保证旅客休息，又做到井然有序。

4. 检票时，客运人员应面带笑容地向旅客点头，说一声“您好”或者说“您好，先生（女士），请您出示您的购票证件”，执行“一看、二唱、三下剪”制度，并做到“六不放”（即携带品超重超限不放、身份证件不符不放、日期车次不符不放、小孩单独旅行不放、精神病人无人护送不放、携带危险品不放）。检票后，应主动把购票证件递到旅客手中，交还购票证件时可说：“祝您旅途愉快”或者说“请您走好，再见”等等。

如果几个旅客的购票证件全由一个人拿，而这个人又走在最后面时，可委婉地说：“请问你们几位的购票证件在谁哪儿？别着急，让我先核对一下购票证件再走，好吗？”。

当看到不是本次列车的旅客来检票时，可对他（她）说：“对不起，先生（女士），您的车票不是这趟车的，请您到×号候车室等待检票上车。”

检票停止后再有旅客赶来时，应委婉地制止让他进站，同时，用和蔼亲切的语气耐心地安慰他：“您别着急，您改乘××次列车同样可以到达，您可去售票处×号窗口办理改签手续”。

高铁车站在检票前，客运人员应主动向旅客宣传和演示自动检票机使用要求。检票时，做好引导，对不会使用检票闸机的旅客应主动协助，耐心地说：“请让我来帮助您，将车票正面向上插入闸口，等车票从出口弹出，再取回车票”。

四、出站口服务

（一）出站引导

多数旅客刚下车时，很难辨别方位，应通过广播适时宣传引导。在站台、地道、天桥、出站口等处设置引导装置，通过电子屏无声地引导旅客出站。同时，铁路客运服务人员应在刚下车的旅客身边，随时为旅客指明出站方向，以保证旅客井然有序的快速出站。

（二）验　票

1. 验票时，应着装整洁、精神饱满地站在岗位上，向旅客微笑致意，同时，主动伸手去接车票或购票证件，认真看清票面内容。不要等旅客把车票或购票证件递到面前再去接，或干脆让旅客举到你面前让你查验，这样做是对旅客的怠慢和不尊重。

2. 计算机票、代用票、区段票应销角后交给旅客，注意不要毁坏印有票价的部分。出站人员的站台票应将其副券撕下。误撕车票时，应换发代用票。对旅客遗弃的车票，应及时装入废票箱中，以免流失。

高铁车站出站口客运人员应做好对旅客的引导，帮助旅客正确使用自动检票机。

五、站台服务

旅客在验票后通常急急忙忙朝前赶，想急切地到站台上车。站台铁路客运服务人员应在自动扶梯（楼梯）出，提醒旅客在自动扶梯注意站稳扶好，在自动扶梯口协助重点旅客及行李多的旅客快速离开自动扶梯口，防止扶梯口堵塞，并及时指引旅客按车厢上车。

列车进站前，要维持好站台的秩序，按照地面标志引导旅客按顺序排队等候列车进站。时刻注意旅客的安全，提醒带小孩的旅客看护好小孩，个别旅客越过安全线时，要提醒他们站在安全线以内，以防列车进站时出现安全事故。

第五章

客运重点旅客服务

重点旅客是指持有铁路有效车票的“老、幼、病、残、孕”旅客，特殊重点旅客是指持有铁路有效车票且需要依靠辅助器具才能行动的老人、病人、残疾人等需特殊照顾的重点旅客。重点旅客运输服务工作，是铁路客运服务“以人为本”的宗旨全面体现，是衡量铁路客运服务质量的重要标志。铁路客运服务人员应本着“以人为本，旅客至上”的服务宗旨，做好服务工作。

第一节　重点旅客服务内容

一、售票服务

目前铁路运输企业为儿童、残疾人设置了特殊票种。

(一)儿　　童

承运人一般不接受儿童单独旅行(乘火车通学的学生和承运人同意在旅途中监护的除外)。随同成人旅行身高1.2～1.5米的儿童，应当购买儿童票。超过1.5米时应买全价票。每一成人旅客可免费携带一名身高不足1.2米的儿童，超过一名时，超过的人数应买儿童票。

儿童票的座别应与成人车票相同，其到站不得远于成人车票的到站。

(二)残疾人

各次始发列车根据编组情况预留残疾人专用席位供始发站发售。专用席位票额的发售遵循实名制购票的有关要求，购票时应出示乘车人本人的“中华人民共和国残疾人证”“中华人民共和国残疾军人证”“中华人民共和国伤残人民警察证”及其所载明的居民身份证等有效身份证件。持有“中华人民共和国残疾人证”，且载明视力、肢体或智力三类残疾，残疾等级为一级或二级的；或持有“中华人民共和国残疾军人证”“中华人民共和国伤残人民警察证”，且载明残疾等级为一至六级的。

二、预约服务

预约服务是为特殊重点旅客提供的一项服务，可预约免费服务内容包括：发站进站口至列车的送车服务、列车至到站出站口的接车服务、提前进站上车、提供轮椅或担架等辅助器材、列车送餐等服务。分为两种预约方式：

1. 12306 网站和手机客户端预约

旅客可通过中国铁路 12306 网站（www.12306.cn，以下简称 12306 网站）、铁路 12306 手机客户端或拨打 12306 服务电话预约，客服中心将“特殊重点旅客预约服务受理工单”发至乘降站，乘降站接受工单后，涉及提供轮椅、担架等特殊需求应提前准备，并根据登记预约的服务内容和联系方式，核实旅客需求合理后，按照约定及时提供相关服务。发现受理的重点旅客不符合办理条件时，可不提供服务，但应做好解释安抚工作。

2. 车站预约

旅客提前到车站服务中心或向客运工作人员请求预约服务的，车站客运工作人员核实旅客需求合理后，登记预约服务的内容和联系方式，并按照约定及时提供相关服务。

三、接送站服务

对确需协助进出站的重点旅客提供接送站服务项目。旅客应提前向客户服务中心或客运工作人员提出接送站请求。由车站指派工作人员接送重点旅客进出站。

车站应设置预约服务和接送站服务手续办理点并在醒目位置对外揭

示。原则上应设置在实名制验证口外的服务中心或售票厅问讯处。

第二节　服务标准和规范

1. 车站对重点旅客的购票、托运、候车、检票上车实行“四优先”；对特殊重点旅客要主动询问是否需要帮助，有需求的应做好购票进站、候车、乘车、出站等“一条龙”服务；根据需要为特殊重点旅客提供帮助，做到“三有”，有服务、有交接、有通报。

车站应在售票窗口、服务中心、实名制验证口、检票口、站台等岗位配备重点旅客标识，各岗位客运人员发现有需求的重点旅客时，在征得旅客同意后，在旅客右肩张贴标识；站车工作人员对贴有标识的重点旅客应重点关注并主动提供“四优先”服务和其他力所能及的服务；站车要将贴有标识的重点旅客服务纳入岗位作业指导书。

2. 站车工作人员为重点旅客服务时，要态度和蔼、耐心周到，严禁生冷硬顶对待旅客。

3. 站车应及时通报特殊重点旅客服务信息在车站发现特殊重点旅客，铁路局集团公司管内的由发站客运值班站长通知旅客到站客运值班站长；跨铁路局集团公司的由发站客运值班站长报客户服务中心，由发站客户服务中心与到站所属铁路局集团公司客户服务中心取得联系，由到站所属铁路局集团公司客户服务中心通知到站。到站应根据通知要求提前做好接站及相关服务准备工作。通知内容包括旅客姓名、联系方式、发站、车次、到站、到达日期、车厢号和服务需求（是否需提供轮椅、担架、救护车、人工服务等），并在“班工作日志”上做好到站受话人信息记录。站车应建立“特殊重点旅客服务登记交接簿”，做好站车交接，并办理签字手续。

车站负责将旅客送至所乘列车指定车厢座位到站后，由列车负责将旅客从指定车厢座位送至站台，再交车站送出站。

4. 购买残疾人专用票额车票的旅客进站乘车时，应当认真查验车票及减价（特惠）证件，票、证、人一致的，方可进站乘车。票、证、人不一致的，按无票处理。

发现使用伪造、变造“中华人民共和国残疾人证”“中华人民共和国残疾军人证”“中华人民共和国伤残人民警察证”的，及时移交铁路公安部门依法处理。严格做好中华人民共和国残疾军人证的核查工作，发现假证除按无票处理外还需将持证人和假证一并交公安处理；发现持真证的假军人时，除按无票处理外，还应将持证人的身份证、车票和冒用证件拍照留存。

5. 车站应优先满足重点旅客购票；车站发现重点旅客，应安排至重点旅客候车室（区）。同时，提醒旅客关注列车检票时间，防止旅客漏乘。需要经多岗位铁路客运服务人员交接时，铁路客运服务人员应将旅客所乘车次、服务需求交接清楚，并告知旅客有其他需要时，可以联系指定铁路客运服务人员。

第三节　重点旅客服务技巧

遇到重点旅客乘车时，首先向同行人进行安全注意事项的介绍，无同行人的重点旅客，尽量主动询问旅客有何需求，引导、搀扶重点旅客使用服务设施，提前妥善安排乘降。

面向重点旅客的有效沟通是铁路客运服务人员综合素质和操作技能的具体体现，是铁路客运服务人员的重难点工作。既考查铁路客运服务人员对群体特征、服务需求的熟知程度，又考查对服务规范的熟练程度，还考验其基于特征、需求与规范的沟通应对。在铁路客运服务工作中，经常会遇到一些老、幼、病、残、孕等需要特殊服务的旅客，因此，面对不同类型的特殊旅客沟通，铁路客运服务人员要做好以下三点：

（1）要明确群体特征；

（2）要明晰沟通要点；

(3)要找准服务要点。

重点旅客因其在年龄、身体、身份等方面情况比较特殊,有别于其他旅客,因而也会提出较为特殊的服务需求。对特殊旅客进行了一定的归纳与分类,总结出以下几种情况:

一、老年旅客

老年旅客一般是指年龄在60周岁以上(含60周岁),在旅行中需要他人帮助的旅客。

(一)群体特征

1. 认知功能减弱

老年人记忆力下降,容易忘事,说话重复唠叨。视力、听力下降,容易误听,会出现敏感、猜疑、偏执等状况。抽象概括能力差,思维发散,说话抓不住重点。

2. 活动能力减弱

由于年龄原因,老年人体力、精力下降,动作缓慢,应变能力差,对周围事物反应缓慢,活动能力逐渐减退,行动及各项操作技能变得缓慢、迟疑、不协调,甚至笨拙。

3. 自尊心强

有独立能力的老年旅客,不愿意别人为他提供特殊帮助。在他们心里自己年长,懂得事情多,寻求帮助就是承认自己已经不同于常人,自尊心承受不了。

4. 有寂寞孤独感

老年人由于年龄、经历、见闻、学识等都与青年人有着明显差异。青年人与老年人在沟通上可能存在较大障碍,因此,由年轻的铁路客运服务人员为老年旅客服务时,老年人会尽量减少沟通,寂寞孤独感逐步增加。

5. 抵触情绪明显

老年旅客对铁路新设备、新科技不太了解,特别是高铁的速度、智能化的电子显示屏、广播都让老年旅客搞不懂，甚至怀疑高铁速度太快会不会不安全、会不会有碍身体健康，从而产生抵触情绪。

6. 具有怀旧情结

老年人通常知晓、了解中国的传统历史、文化，这也是他们日常谈论的话题。老年人会不经意地去回忆、谈论自己一生中所取得的成就和荣誉。因此，铁路客运服务人员想拉近与老年旅客的距离，可以通过找寻其感兴趣的话题来增加对方的信任度。

（二）沟通要点

为尊重老年旅客的体态特征，铁路客运服务人员讲话速度应放慢，音量略大，语气平缓，表达尊敬；主动询问是否需要帮助，沟通交流要有耐心，善于观察、洞悉其心理需要。语言通俗易懂，尽量避免专业术语，例如，铁路客运服务人员为防止服务过程中误传误听，将“1、2、7、0”的音，发作“幺、两、拐、洞”；“K、G、C”读作“快、高、城”，但与旅客交流时，若将 K7170 列车读成“快拐幺拐洞”，旅客就不能理解。

（三）服务要点

营造愉快放松的沟通氛围，多给予关注。

1. 铁路客运服务人员要主动、热情地向老年旅客打招呼，引导其前往重点旅客候车室（区）。

2. 帮助老年旅客提拿行李、引导入座。妥善安放老年旅客随身携带物品（如帽子、手杖等）。携带品安放妥当后，应立即让老年旅客确认位置和数量。

3. 老年旅客就座后，可以为老年旅客送上热饮，为其介绍车站常用设施设备及安全注意事项，服务时动作要慢、稳，避免擦碰。

4. 耐心倾听老年旅客需求，妥善安排老年旅客乘车事宜。铁路客运服务人员可以自我介绍，尽快与老年旅客建立相互信任关系。

5. 尽量安排将老年旅客在方便上卫生间的座位。需要时，引领或搀扶老人，向老年旅客介绍卫生间的马桶冲水阀门、洗手池水龙头的位置及使用。

6. 提前提醒老年旅客前往检票口，优先进站乘车。

7. 时刻关注老年旅客的精神状态。

二、儿童旅客

儿童按照年龄，可分为婴儿、幼儿、学龄儿童。儿童旅客一般是指年龄在 14 周岁以下的儿童。

（一）群体特征

儿童性格活泼好动，天真幼稚，好奇心强，善于模仿，判断能力差，做事不计后果。鉴于儿童旅客的这些特点，铁路客运服务人员在服务时，尤其要注意防止一些不安全因素的发生。例如，要防止活泼好动的小旅客乱摸乱碰车站的设施；防止儿童旅客四处跑动等。

（二）沟通要点

1. 语言沟通

（1）注意语言的艺术性

与儿童旅客沟通时，最明显的是口头交流，这种方式包含措辞、语音语调以及嗓音的高低等要素。对于好奇、活泼、淘气的儿童旅客，不要对其训斥或恐吓，应事先告诉其一些规定与要求。多赞美、少批评，给予他们行为或者心理的支持，赋予孩子充分地理解、尊重、喜爱。

（2）用心倾听儿童的感受

与儿童旅客沟通，铁路客运服务人员倾听时的态度，会影响服务沟通的成败。当儿童旅客跟铁路客运服务人员说话时，铁路客运服务人员应及时放下手头的事情，认真、仔细地听儿童旅客述说，让儿童旅客感受到铁路客运服务人员愿意听他讲话，感受到关注、尊重和鼓励。儿童旅客的想法往往不能通过行为的好坏去判断，应该引导儿童旅客表达自己真实想法和心理感受。

2. 肢体语言沟通

不同于成人旅客，儿童旅客心智的不成熟与敏感也要求铁路客运服务人员在沟通时更需要注意语言动作对他们的影响。与儿童沟通时，铁路客运服务人员面部表情、说话声音、肢体动作都要让他们感到很亲切，这样孩子就会慢慢接受服务。

(1)不要求眼神交流

当孩子真正听你说话时他完全没有看你的眼睛。要求眼神交流实际上会阻碍了孩子听你要说什么，进而破坏你们接下来的交流。孩子需要学会的是在放松的状态下和大人进行眼神交流，如果只是被命令要求进行眼神交流，那么孩子很有可能只是看着你的眼睛，而听不到你在说什么。

(2)多建立感官联系

沟通过程中，孩子有了一定的感受与体验，才能够将语言所表达的道理或要求有一定程度的接受。孩子才会对语言等内化于心，进而理解语言后面的含义。为了确保孩子能听进你说的话，有必要和他建立多感官的联系。比如在谈话前走近孩子，俯下身，温柔地将手放在孩子腿上、肩膀上或者背上。你做这些的时候，表达了这些意思：让孩子听你说话，让他感觉你，看着你，即便只是用余光看你。你传递的信息不仅是“听我说”，而且是“我很在意你和这次沟通，我相信你能听进去”，从而为接下来的沟通做好了准备。

(3)注意姿势和距离

保持什么样的身体距离得根据各年龄段孩子的特点而定，小一些的孩子喜欢被保护、略微亲近的方式。对于大一些的孩子则需要保持一点儿距离，他们开始在乎个人空间了，你的姿势也很重要，使孩子抬头仰望，高高在上的样子会让他们觉得没被尊重，所以需要蹲下来或和他们坐在一起交谈。

(4)善用“道具”

有的车站会预留一小块场地，准备一些专门与儿童沟通时使用的玩具，在与儿童沟通时，给儿童一份他们专属的纪念品，以缓解儿童乘坐列车时的无聊感。铁路客运服务人员要善于使用这些“道具”与儿童沟通。

（三）服务要点

儿童旅客服务关键在于防控以下几项不安全因素。

1. 婴儿。铁路客运服务人员要主动、热情地向携带婴儿出行的旅客打招呼，引导其前往重点旅客候车室（区）。提醒坐在过道旁的携带婴儿出行的旅客，婴儿的头部不可朝向过道方向，以免被过往的旅客、行李或服务车碰撞。主动向携带婴儿的旅客介绍婴儿哺乳、更换尿布等服务设备的使用，以及热水器、卫生纸篓的位置，提醒其注意乘车时间。婴儿车、摇篮的摆法应避免阻碍通道。推婴儿车应使用直梯，不得使用扶梯。

2. 幼儿、学龄儿童。提醒监护人妥善看管小朋友，防止儿童旅客追逐打闹、乱摸乱碰服务设施。上下电梯时防止夹手夹脚；上下车时防止跌入站台间隙。列车起、停要防止儿童旅客随车奔跑。宜推荐无辛辣的餐食、无酒精含量的饮品，提供热饮时温度适宜，避免烫伤等。儿童旅客哭闹时，可以拿出小玩具或与其做简单游戏，营造轻松、有趣味的氛围，让儿童旅客感受到亲切、欢乐。尽量不要抱儿童旅客，有必要时应征得监护人同意。

三、病残旅客

病残旅客一般是指长期患病自理能力差或有生理缺陷的旅客。例如，盲人旅客、聋哑旅客，使用担架、轮椅的旅客等。

（一）群体特征

病残旅客身体状况与正常人不同，但为了保持与正常人的交往，表现自己与正常人并没有太大区别，病残旅客一般不会主动要求帮忙，直到有特殊困难，迫切需要别人帮助时才提出需求。在他们心里深知自己是身体障碍者，但却不愿意别人这样看待自己，自尊心特别强，尤其介意别人用同情的眼光看他们。

1. 盲人旅客

孤独感是盲人旅客的普遍特点之一，这与视力残疾造成行动不便、缺少视觉感受有关，盲人旅客甚至可能遇到亲属厌弃、社会歧视，或无障碍公共设施不健全等情况，他们对未知的世界有恐惧，难以与社会融合，因此内心情感会比一般人丰富、敏感，盲人旅客大多数容易封闭自我，形成内向的性格，情感不外露。

2. 聋哑旅客

聋哑旅客得不到声音的刺激，对周围世界的感知是有延迟、有残缺的。听力障碍的人对复杂环境的判断比较困难。一瞬间能直接留给大脑作出判断、反应的，仅限于视野范围内的东西。聋哑旅客缺少语言和语言思维，他们情绪不稳定，容易变化，情感缺少含蓄性，很容易流露于外，有超越情绪的表达。

3. 使用轮椅、担架的旅客

由于身体患病或者肢体伤残需要使用轮椅、担架的旅客，特别在意别人谈论起或触碰患病、残疾的部位。铁路客运服务人员在服务的过程中也要避免谈论这样的话题，不要好奇查看旅客患病、残疾的部位，应给予其尊重。

(二)沟通要点

1. 适当的语言沟通

病残旅客由于身体状况的关系，铁路客运服务人员在介绍规章制度、解答服务问题的过程中要有耐心，语气要缓慢，动作要轻柔，措辞要谨慎，尊重旅客意愿。切忌使用“瞎子”“聋子”等不友好的称呼，严禁使用“你看不见呀”“你没听到吗”等服务禁语。面对听力障碍旅客时，要注意车站广播的局限性，应使用其他服务方式替代，可借用肢体语言、书面文字等方式进行沟通。

2. 耐心的倾听回应

面对病残旅客，铁路客运服务人员尤其要懂得倾听，不计较旅客的语气和神态。在倾听的过程中，做出合适的语言和肢体回应，并适时地点头、微笑。铁路客运服务人员一定要真诚，发自内心的为病残旅客服务，眼神、语言、肢体表达等都需要透露出对其的关心和爱护，为进一步的沟通做好铺垫。

3. 适度的鼓励引导

病残旅客自卑和挫折感明显且容易反复。因此，与其沟通时语言一定要朴实，切勿轻易许愿、承诺，或是给予其夸大的鼓励效果，否则会适得其反，加重他的挫折感，导致其不信任。

(三)服务要点

善于观察、揣摩和分析旅客需求，找准病残旅客服务关键点。

病残旅客因病患的部位不同，有些旅客的病患通过外观就能看出来，例如，盲人旅客、肢体残疾旅客；但有些旅客并不能立刻发现，例如，聋哑旅客、心理疾病旅客，在外观上不容易发现，他们也不愿意主动告知自己有残缺，这给服务工作增加了一定难度，对服务工作提出了更高的要求。铁路客运服务人员要观察、揣摩和分析旅客需求，掌握旅客诉求和意见，并能迅速作出反应，提供细致周到的服务。

1. 盲人旅客

引导盲人旅客进、出洗手间，让其触摸洗手间内设备并向其介绍使用方法。引导乘车时，铁路客运服务人员应主动让盲人旅客扶住铁路客运服务人员的手臂或肩膀，不断提醒前后左右的旅客，做好上下楼梯的引导。遇到障碍物时，要及时告知盲人旅客，帮助盲人旅客提拿和安放行李。

盲人旅客携带导盲犬时，应将导盲犬安置在旅客候车座位的前方地板上，将导盲犬的头朝向通道、过道，并提醒周围旅客，做好沟通协调。帮助盲人旅客妥善放置盲杖，可以拉着他的手摸一下盲杖所在的位置以方便其随时使用。

为盲人旅客提供餐食时，需要详细描述、介绍餐食的种类。送餐时，铁路客运服务人员要将各种食品以时钟的位置向旅客介绍，将餐盘内的各种食物和饮料的摆放位置告诉旅客，亦可引导其自己触摸。帮助其打开餐盒盖、餐具包，如有需要，协助其分好餐食。提供汤水服务时，避免旅客烫伤。

2. 聋哑旅客

铁路客运服务人员应使用手语，或采取书面形式与聋哑旅客进行沟通。许多聋哑旅客懂唇语、会读口型，铁路客运服务人员在与之交谈时应面对旅客，放慢说话速度。

因聋哑旅客听不到车站广播，工作人员应设法将列车晚点、停运、调整检票口等重要信息告知旅客。车站的服务设施使用方法可以通过演示来告知聋哑旅客，特别是紧急救助设备的使用方法应提前告知。

3. 轮椅旅客

可搀扶轮椅旅客做好轮椅与候车座椅间的转换，帮助其提拿、安放行李。对完全丧失行走能力或无人陪伴的轮椅旅客，应妥善安排在便于工作人员照看的候车座椅。注意服务距离和姿势，由于让轮椅旅客抬头仰望，高高在上的服务会让他们觉得没得到尊重，因而需要降低身高，蹲下来与其交谈、服务。

旅客用餐完毕及时收回餐盘，以方便轮椅旅客行动。

4. 担架旅客

工作人员要事先了解担架旅客的病症，确认陪同人员，以及有无特殊要求等。一般说来，担架旅客应提前安排上列车，提前与列车联系，明确担架旅客乘车位置，以及担架固定位置。

四、孕妇旅客

孕妇旅客是指妇女怀孕后在妊娠期乘车的旅客。

（一）群体特征

孕妇旅客容易心理紧张、情绪波动大，需要安抚。孕妇对气味敏感，香烟会对孕妇旅客造成健康危害。孕妇旅客可能出现头晕倦怠、食欲不振、恶心呕吐等症状。

（二）沟通要点

1. 询问排查危险

发现孕妇旅客时，首先要确认孕妇旅客健康状况及临盆时间，若孕妇旅客的健康状况不良或即将临盆，应劝其改换其他交通工具。

2. 特殊状况沟通

如果遇到孕妇旅客即将分娩，立即联系车站协议医院或拨打 120 急救电话，尽量安排孕妇旅客至方便医护人员救助的适当位置。可以安排有经验的、年长的女性铁路客运服务人员在一旁照顾等。

（三）服务要点

1. 铁路客运服务人员要勤巡视勤走访，留心孕妇旅客的需求。例如，帮助孕妇旅客提拿行李，安排尽量安静、通风的座位，提供保暖毛毯、清洁袋、小毛巾、温开水等。

2. 无需求不干扰，注意让孕妇旅客休息，不要过多打扰。

五、外籍旅客

做好外籍旅客运输、接待服务工作不仅是一项服务工作，而且是一项非常重要的宣传工作。由于各个国家、各个民族，有着不同的风俗习惯、宗教信仰和生活禁忌，因此铁路客运服务人员在接待外籍旅客服务中，更需要注意尊重对方，以友好为前提，做好服务工作。

（一）外籍旅客服务纪律要求

1. 维护祖国尊严

在接待服务过程中，不做任何有损国家的事，不说任何有损国家的话，坚决维护国家利益，维护中华民族尊严，不失人格和国格。

2. 严格保守机密

对外籍旅客服务过程中，注意提高警惕，严格执行国家保密制度。

3. 赠送礼物

外籍旅客向你赠送礼物时，应婉言谢绝，如果盛情难却，也可接受并在事后向上级报告。不经上级许可，不得向外宾赠送礼物。

4. 遗失物品

车站发现外籍旅客的遗失物品，应及时交还，不能交还时，应编制记录，交车站处理。

5. 服务时做到:谦虚谨慎,服务周到,讲究礼貌,不卑不亢,自然大方,彬彬有礼,尊重风俗习惯、宗教信仰和生活禁忌。

(二)外籍旅客运输要求

最重要的是要有“千方百计地理解对方的要求”和“想传达的意思”的诚意。用所知道的英语单词加上动作、手势、笔谈,大体都能说得明白。如果沟通不了时,可以向其他人员请求帮助。在为外籍旅客服务的过程中应做到:谦虚谨慎,服务周到,讲究礼貌,不卑不亢,自然大方,彬彬有礼。不该说的话不说,不该知道的事不打听,并要尊重他们的风俗习惯、宗教信仰和生活禁忌。

为外籍旅客服务应做到“五不”:不自吹自擂、强加于人;不任意移动和翻阅外籍旅客的书刊、物品;不随便夸奖外籍旅客的东西;不随意坐外籍旅客座位;对个别外籍旅客的不友好言行,要具体分析,正确对待,不能感情用事。

第六章

车站客运岗位常见情形处置

第一节　售票窗口常见情形处置

【情形1】　过点旅客要求办理改签，无票额

1. 处置方式

对于过点旅客前来票厅办理改签的，无票额或当日已无列车前往旅客到站的，应耐心做好铁路改签有关规定的解释工作。

2. 服务用语

(1)先生(女士)您好，车票改签的前提是在我们铁路当日有列车前往您的到站并且有票额的情况下，才能为您办理。现在后续列车已经没有票额(当日已无列车前往您的到站了)，您的车票无法办理改签，请您谅解！

(2)您的车票已过开车时间，无法办理退票，请您谅解(旅客提出退票时)！

(3)您的车票确实无法办理改签退票了，后面还有很多旅客等着办理业务，请您配合，谢谢！

(4)如果您还不让窗口其他旅客办理业务，我将通知公安部门前来处理了。

(5)这位先生(女士)，您的行为已经违反了《中华人民共和国治安管理处罚法》第二十三条、《铁路安全管理条例》第七十七条和国家发展改革委等八部门《关于在一定期限内适当限制特定严重失信人乘坐火车推动社会信用体系建设意见》(发改财金〔2018〕384 号)规定如果您拒不配合,公安部门将依法处置,铁路部门将记录您的身份信息,在一定期限内限制购票,并按规定向国家、地方政府相关部门和有关征信机构提供铁路旅客信用信息。为避免对个人信用造成影响,请您自觉遵守国家法律规定和铁路有关规定,自觉维护铁路旅客运输秩序。谢谢配合。

【情形 2】 列车大面积晚点、部分列车停运,旅客等候退票

1. 处置方式

(1)对停运列车,广播宣传不晚于票面乘车日期后 30 日内办理退票,不收退票费。

(2)列车大面积晚点时,车站应增开退票窗口,售票人员应热情服务,耐心为旅客办理退票手续。

(3)票厅应增派人员,做好秩序维护,引导旅客合理选择退票时间和退票渠道,防止旅客积压。

2. 服务用语

因列车晚点(停运)耽误您的行程,我们表示诚挚的歉意,现在为您办理全额退票,感谢您的理解!

【情形 3】 旅客质疑钱款核收有误

1. 处置方式

(1)售票人员应再次确认已收款及找零款,涉及手续费、退票费、乘意险等项目收费时,应做好说明解释。

(2)售票人员无法确认是否多收钱时,应向售票值班员汇报,使用监控回放、结账清算等方式确认当时情况,妥善处理。

(3)售票窗口需暂停营业的,应做好对外揭示,引导后续购票旅客到其

他窗口排队购票。

2. 服务用语

(1)先生(女士)您好,按照××规定,我们收取了××元的费用,票款××元,找零××元,请您再次核对找零款。

(2)您提出的情况我已向售票值班员汇报,他(她)正在使用监控回放(结账清算)核实当时情况,请您稍等片刻,待情况确认后我们会做相应处理。

(3)×号窗口排队购票的旅客,×号窗口因处理旅客业务,现暂停营业,请您移步至其他窗口购票,感谢您的谅解。

【情形4】　旅客离开售票窗口后,返回质疑找零款为假币

1. 处置方式

(1)向旅客说明核对车票信息、找零款是旅客的义务,售票窗口也张贴有相关提示,旅客应该在离开窗口前核对完毕。

(2)旅客继续理论,则应向售票值班员汇报,将旅客带离窗口,再做解释安抚。

2. 服务用语

先生(女士)您好,按照规定,您需要在离开窗口前核对车票信息、找零款。如有异议您需当场提出,否则我们将无法确认有关情况,请您谅解。

【情形5】　旅客质疑重点旅客在优先窗口插队

1. 处置方式

向旅客解释车站优先窗口的功能,体现铁路对老、幼、病、残、孕旅客的关爱照顾。

2. 服务用语

先生(女士)您好,铁路为满足老、幼、病、残、孕等重点旅客需求,专门设置本窗口为优先窗口,重点旅客可在此窗口优先办理,请您理解。您也

可以选择其他窗口排队办理业务。

【情形6】 挂失补车票办理

1. 处置方式

(1)严禁旅客持挂失补车票提前乘车,列车发现持挂失补车票旅客提前乘车时,开具仅说明旅客乘车的客运记录交车站,客运记录应注明“挂失补车票提前乘车不予退票”。

(2)办理挂失补联程票退票时,旅客应在换乘站和终到站分别办理。旅客因铁路责任(含联程票换乘时间短)在换乘站来不及乘坐后一趟挂失补列车时,换乘站应编制客运记录通过其他列车送旅客至票面到站办理后一趟列车挂失补车票退票手续;旅客在终到站提出办理挂失补联程票所有车票退票时,若换乘站、终到站均为本铁路局集团管内客运站,且终到站判明旅客在换乘站确实来不及退票时,可为其办理。

(3)旅客持挂失补车票在列车上要求越站乘车时,列车在有能力的情况下可为其办理,旅客到站凭客运记录办理挂失补车票退票手续,留存越站车票复印件。

(4)旅客要求办理儿童票挂失补时,车站应核实儿童票确有实名制信息,且实名制信息完整、准确,方可为其办理。

(5)旅客办理车票挂失补后列车停运,车站可编制客运记录通过其他列车送旅客到票面到站后退票,到站凭有运送列车签认的乘车站编制的客运记录办理退票。车站可预留其他列车相应席位或与列车、旅客协商好席位安排。

(6)旅客前来办理挂失补车票但售票系统故障至列车开车前仍未恢复时,车站可安排旅客进站并与列车办理站车交接,由列车办理车票挂失补手续。

(7)旅客来不及乘坐已办理挂失补车票的列车时,可在票面发站开车后2小时内,至挂失补购票地车站或票面发站办理挂失补车票退票手续,收取补票手续费。

2. 服务用语

(1)先生(女士)您好,您的挂失补车票是不能提前乘车的,请您按票面日期、车次乘车,谢谢。

(2)您到站后,请到退票窗口办理挂失补车票退票手续。

(3)现在为您办理挂失补车票退票手续。

第二节　验证口作业常见情形处置

【情形7】　旅客同行人员要求进站送行

1. 处置方式

(1)对确需亲友协助进出站的重点旅客提供接送站服务项目。原则上每批重点旅客仅安排一名亲友办理接送站服务手续;确因特殊情况超出一个人时,车站应确认情况后酌情予以办理。

(2)车站有志愿者等工作人员的,可以联系志愿者或工作人员为旅客提供服务。

(3)车站提供搬运行李小红帽服务的,可以在征得旅客同意后帮其联系,因小红帽属于有偿收费服务,如旅客不同意或提出质疑时应耐心做好解释不得强求。

(4)不允许进站送行的,应做到有礼有节,婉言谢绝,告知铁路相关规定;对强行进站的人员,应立即报告值班员、公安等到场处理,同时开启音视频记录仪对处理过程进行拍摄取证,明确告知处置依据和后果,收集相关材料,纳入铁路旅客信用信息记录管理。

2. 服务用语

(1)先生(女士)您好,为了维护站内秩序,送客只能到这里了,谢谢您对我们工作的理解和支持! 如您的亲人(朋友)需要帮助,我们可以安排人员进行服务，请您放心。

(2)我们车站在您候车、乘车、出站过程中，都可以为您提供重点服务，请问您需要帮助吗？

(3)车站提供了搬运行李小红帽服务，但这个是需要您个人支付费用的，请问您需要吗？

(4)进站送行请不要乘车，如乘车或上车后不及时下车，列车将会按无票处理，补收乘车区间票价和手续费。感谢您的理解和配合！

(5)如果强行进站送人，我将通知公安部门前来处理了。

(6)这位先生(女士)，您的行为已经违反了《中华人民共和国治安管理处罚法》第二十三条、《铁路安全管理条例》第七十七条和国家发展改革委等八部门《关于在一定期限内适当限制特定严重失信人乘坐火车推动社会信用体系建设意见》(发改财金〔2018〕384 号)规定，如果您拒不配合，公安部门将依法处置，铁路部门将记录您的身份信息，在一定期限内限制购票，并按规定向国家、地方政府相关部门和有关征信机构提供铁路旅客信用信息。为避免对个人信用造成影响，请您自觉遵守国家法律规定和铁路有关规定，自觉维护铁路旅客运输秩序。谢谢配合。

【情形 8】 未携带有效身份证件或票、证、人不一致时

1. 处置方式

对未携带有效身份证件的旅客，验证口工作人员应引导旅客到车站铁路公安制证口办理临时身份证明；对旅客所持车票属于票、证、人不一致的情况，耐心做好解释。如遇强行进站的应及时开启音视频记录仪，同时汇报值班员、公安到场处理，避免发生正面冲突。

2. 服务用语

(1)先生(女士)您好，我们车站实行全面实名验证，需要提供您本人的有效身份证件，如您忘记携带，我们为您提供了临时身份证明办理业务，您可以前往公安制证口办理，谢谢！

(2)您购买的车票和使用的证件非您本人,按照《铁路安全管理条例》有关要求,票、证、人不一致时我们是不予进站乘车的,感谢您的理解与配合!

(3)这位先生(女士),您的行为已经违反了《中华人民共和国治安管理处罚法》第二十三条、《铁路安全管理条例》第七十七条和国家发展改革委等八部门《关于在一定期限内适当限制特定严重失信人乘坐火车推动社会信用体系建设意见》(发改财金〔2018〕384 号)规定,如果您拒不配合,公安部门将依法处置,铁路部门将记录您的身份信息,在一定期限内限制购票,并按规定向国家、地方政府相关部门和有关征信机构提供铁路旅客信用信息。为避免对个人信用造成影响,请您自觉遵守国家法律规定和铁路有关规定,自觉维护铁路旅客运输秩序。谢谢配合。

【情形 9】　借用、冒用、伪造证件或不符合乘车条件时

1. 处置方式

(1)严格查验进站人员的票证是否有效;发现借用他人证件时应进行制止并收缴其证件,对持用伪造证件的应立即通知公安。

(2)注意说话语调和态度,耐心做好相关解释工作;必要时开启音视频记录仪,同时汇报值班员、公安到场处理,避免发生正面冲突。

2. 服务用语

(1)这位先生(女士),您持有的工作证件系借用(冒用)他人证件,根据《民法典》《铁路乘车证管理办法》规定,我们将对证件进行收缴,同时,请您按规定购买车票后乘车,请您配合。

(2)这位先生(女士),您的行为已经违反了《中华人民共和国治安管理处罚法》第二十三条、《铁路安全管理条例》第七十七条和国家发展改革委等八部门《关于在一定期限内适当限制特定严重失信人乘坐火车推动社会信用体系建设意见》(发改财金〔2018〕384 号)规定,如果您拒不配合,公安部门将依法处置,铁路部门将记录您的身份信息,在一定期限内限制购票,并按规定向国家、地方政府相关部门和有关征信机构提供铁路旅客信用信

息。为避免对个人信用造成影响，请您自觉遵守国家法律规定和铁路有关规定，自觉维护铁路旅客运输秩序。谢谢配合。

(3)先生(女士)您好，给您出行带来的不便，我们表示诚挚的歉意。

第三节 安检口作业常见情形处置

【情形10】 查获旅客禁止携带物品时

1. 处置方式

安检员对查获的违禁品，应明确告知旅客可以选择车站提供的15日内免费暂存服务/由亲友带回/选择放弃，旅客需要办理快递业务时由旅客提出，不得有诱导旅客消费行为；为方便旅客出行，可在安检处公布市场上快递公司的服务电话和网址，由旅客自行选择。

2. 服务用语

(1)这位先生(女士)，您携带的××物品属于禁止携带物品(可指引旅客看对外揭示)，这样也是为了确保您和广大旅客的安全，感谢您的理解和支持！

(2)为了方便您的出行，我们为您提供了15日内免费暂存服务，在此期间您或者您的家人朋友可以前来领取，请问可以吗？

(3)如果您需要办理快递，我们这里为您提供了市内快递公司服务电话，您可以自行选择，谢谢！

第四节 候车室检票作业常见情形处置

【情形11】 旅客要求提前乘车或错后乘车时

1. 处置方式

(1)当旅客要求提前乘车时，铁路客运服务人员应使用文明服务用语，耐心做好解释，引导旅客办理改签，如没有车票改签时应告诉旅客耐心等候。

(2)遇旅客错后乘车，如因列车晚点导致的旅客接续不上换乘列车的，铁路客运服务人员应熟知退票相关规定，引导旅客办理退票；对确有需要乘车又无车票改签的，应妥善安排，查找最近列车并与列车取得联系，得到列车许可后安排上车，同时做好致歉，取得旅客谅解。

(3)如因旅客自身原因错后乘车的，应告知旅客除铁路责任外，列车发现持未经改签车票的旅客错后乘车时，车票按失效处理，应引导旅客办理改签后乘车；无车票改签时售票员应耐心做好铁路车票改签相关规定的解释工作。

2. 服务用语

(1)先生(女士)您好，为了确保旅客列车运输正常秩序，请您按票面上的日期、车次乘车，谢谢！

(2)如您需要提前乘车，请您到售票窗口办理车票改签，感谢您的支持和配合。

(3)现在后续列车已经没有票额/当日已无列车前往您的到站了，您的车票无法办理改签，请您谅解！

(4)因列车晚点，耽误了您的行程，我们表示诚挚的歉意，您可以办理退票手续，感谢您的理解！

(5)我们现在为您安排了××次列车，但因列车满员没有座位安排，您看可以吗？

【情形12】　列车停检后旅客要求进站乘车时

1. 处置方式

停止检票后，检票口客运人员应及时关闭检票口，遇旅客此时到达检票口的，应耐心做好解释工作；对强行进入的，及时通知公安、值班员到场处理，对劝阻、制止无效或其行为已经涉嫌违反治安管理、涉嫌危害铁路安全的，明确告知旅客处置依据和后果，开启音视频记录仪收集相关材料，纳入铁路旅客信用信息记录管理。

2. 服务用语

(1)先生(女士)您好,为了您的安全考虑,同时为了确保旅客列车运输的正常秩序,列车停检后不能再放行了,请您理解。

(2)这位先生(女士),您的行为已经违反了《中华人民共和国治安管理处罚法》第二十三条、《铁路安全管理条例》第七十七条和国家发展改革委等八部门《关于在一定期限内适当限制特定严重失信人乘坐火车推动社会信用体系建设意见》(发改财金〔2018〕384 号)规定,如果您拒不配合,公安部门将依法处置,铁路部门将记录您的身份信息,在一定期限内限制购票,并按规定向国家、地方政府相关部门和有关征信机构提供铁路旅客信用信息。为避免对个人信用造成影响,请您自觉遵守国家法律规定和铁路有关规定,自觉维护铁路旅客运输秩序。谢谢配合。

【情形 13】 临时股道变更或列车大面积晚点时

1. 处置方式

股道临时变更意味着检票口的变更,原检票口客运人员应提前做好宣传并引导旅客至新检票口检票进站。遇列车大面积晚点,检票口客运人员应使用应急车次牌等做好对外揭示,遇旅客询问时应耐心解释,安抚旅客情绪,尽可能提供帮助;车站应加强广播宣传,因列车赶点造成与计划晚点时间提前时,应重点加强该车次的组织和区域宣传,确保旅客上车。

2. 服务用语

(1)先生(女士)您好,因列车晚点给您带来的不便,向您表示诚挚的歉意。

(2)各位旅客朋友们,××次列车因临时股道变更,请旅客朋友们前往×号检票口排队进站上车,给您带来的不便,我们表示诚挚的歉意,谢谢您的配合。

(3)您乘坐的这趟列车大约晚点××分钟(晚点未定),请您耐心等候,不要远离候车室,晚点时间随时有可能发生变化;因列车晚点耽误了您的行程，我们向您表示歉意，感谢您的支持和理解！

第五节　站台作业常见情形处置

【情形 14】　旅客询问列车停靠站台或车厢位置时

1. 处置方式

检票放客作业开始，站台客运人员应站立在站台楼梯（电梯）出口处做好车厢地标、列车停靠站台宣传引导。遇旅客问询时，面向旅客站立，目视旅客，耐心做好引导宣传，做到有问必答，及时解答旅客疑问，不得表现出不耐烦、语气简单粗暴的态度。

2. 服务用语

（1）各位旅客朋友们，请乘坐 G××次列车的旅客看地面的××颜色车厢地标，×车至×车请往前走，×车至×车请往后走，感谢您的配合。

（2）这位先生（女士），您乘坐的×号车厢请继续往前走，看地面的××颜色车厢地标，谢谢！

【情形 15】　无联程车票旅客要求上车补票时

1. 处置方式

在客流高峰期票额不足的情况下，常常遇见许多未买到联程车票的下车旅客询问站台客运人员××次列车在哪个站台，希望上车补票的情况，站台客运人员遇见旅客询问时，应耐心做好解释，引导旅客改乘其他交通工具。做好站台巡视，清理站台逗留旅客，防止旅客发生翻越股道等过激行为，可以通知出站口工作人员、值班员进行协助，必要时开启音视频记录仪做好资料收集。

2. 服务用语

（1）这位先生（女士），请您出示下购票证件，谢谢！

(2)如果您需要乘坐××次列车,请您先出站后到售票处购买车票后乘车,或选择乘坐其他的交通工具,感谢您的支持和理解。

(3)为了确保您的安全和列车的运输秩序,请您抓紧时间出站,站台上不能长时间停留,谢谢您的配合。

(4)这位先生(女士),您的行为已经违反了《中华人民共和国治安管理处罚法》第二十三条、《铁路安全管理条例》第七十七条和国家发展改革委等八部门《关于在一定期限内适当限制特定严重失信人乘坐火车推动社会信用体系建设意见》(发改财金〔2018〕384 号)规定,如果您拒不配合,公安部门将依法处置,铁路部门将记录您的身份信息,在一定期限内限制购票,并按规定向国家、地方政府相关部门和有关征信机构提供铁路旅客信用信息。为避免对个人信用造成影响,请您自觉遵守国家法律规定和铁路有关规定,自觉维护铁路旅客运输秩序。谢谢配合。

【情形 16】 旅客(儿童)或物品掉入站台与列车之间缝隙

1. 处置方式

列车进站停稳后,上下车旅客(儿童)或物品掉入或卡在站台与列车之间的缝隙时,应立即汇报值班员,同时开启视频摄像仪到场处理,做好相关证据采集,不得私自下股道进行处置。对不危及行车安全的,及时协助旅客回到站台或使用工具将物品取上站台,确认客运作业完毕后,与列车办理交接;危及行车安全需下道处置时,立即通知司机并汇报综控室(行车、广播室),经调度同意后下道,处置完毕后开车。受伤旅客做好情绪安抚工作,按照旅客意外伤害程序处置。

2. 服务用语

(1)这位先生(女士),请不要着急,我们会马上帮您处理,请放心。

(2)您感觉哪里有不舒服的吗?看您这里有明显伤痕,建议您停止旅行,我们帮您联系 120 前往医院进行检查、治疗。您的车票我们可以协助帮您办理退票手续。

第六节　出站口作业常见情形处置

【情形 17】　持两头票、过期票、成人持儿童票旅客出站

1. 处置方式

(1)发现旅客持两头票、过期票或成人持儿童票出站时按无票处理。拒不补票的，应收集相关信息、资料、视频，录入铁路征信系统。

(2)对于不符合条件需补票的旅客，应注意其动态，防止补票旅客行为过激或情绪激动，返回站台进入区间。

2. 服务用语

(1)先生(女士)您好，通过实名制购票历史记录查询系统显示，您乘坐的这趟列车从××站至××站这个区段没有购买车票，您这种行为存在恶意逃票嫌疑，铁路将补收××站至××站区间的票价并加收 50%票款，请您配合。

(2)您持有的车票已经过期/持有的儿童票属于无票，请您按规定补票。

(3)这位先生(女士)，您的行为已经违反了《中华人民共和国治安管理处罚法》第二十三条、《铁路安全管理条例》第七十七条和国家发展改革委等八部门《关于在一定期限内适当限制特定严重失信人乘坐火车推动社会信用体系建设意见》(发改财金〔2018〕384 号)规定，如果您拒不配合，公安部门将依法处置，铁路部门将记录您的身份信息，在一定期限内限制购票，并按规定向国家、地方政府相关部门和有关征信机构提供铁路旅客信用信息。为避免对个人信用造成影响，请您自觉遵守国家法律规定和铁路有关规定，自觉维护铁路旅客运输秩序。谢谢配合。

【情形 18】　不符合儿童优待条件儿童出站时

1. 处置方式

出站口查验到旅客携带的儿童应该补儿童票或超高需补差价时，工作

人员应耐心做好解释，掌握旅客心理，注意说话的方式方法。对于拒不补票的，应收集相关信息、资料、视频，录入铁路征信系统。

2. 服务用语

（1）先生（女士）您好，按照规定您只能携带一名身高不足 1.2 米的儿童乘车，超过一名时，对超过的人数是需要补儿童票的，请您到补票室补票，谢谢！

（2）您的小孩身高已经超过 1.2 米了，按照规定是需要补儿童票的，请您到补票室补票，谢谢！

（3）这位先生（女士），您的行为已经违反了《中华人民共和国治安管理处罚法》第二十三条、《铁路安全管理条例》第七十七条和国家发展改革委等八部门《关于在一定期限内适当限制特定严重失信人乘坐火车推动社会信用体系建设意见》（发改财金〔2018〕384 号）规定，如果您拒不配合，公安部门将依法处置，铁路部门将记录您的身份信息，在一定期限内限制购票，并按规定向国家、地方政府相关部门和有关征信机构提供铁路旅客信用信息。为避免对个人信用造成影响，请您自觉遵守国家法律规定和铁路有关规定，自觉维护铁路旅客运输秩序。谢谢配合。

【情形 19】 旅客持借用、冒用、伪造证件出站时

1. 处置方式

发现旅客持借用、冒用证件出站时，出站口客运人员应收缴证件并引导到补票窗口办理补票；对持用伪造证件的，通知公安到场处理；对于拒不补票的，应收集相关信息、资料、视频，录入铁路征信系统。

2. 服务用语

（1）先生（女士）您好，您持用的证件属于借用（冒用）他人证件，根据《民法典》《铁路乘车证管理办法》规定，我们将对证件进行收缴，同时，请您按规定补票，请您配合。

（2）这位先生（女士），您的行为已经违反了《中华人民共和国治安管理

处罚法》第二十三条、《铁路安全管理条例》第七十七条和国家发展改革委等八部门《关于在一定期限内适当限制特定严重失信人乘坐火车推动社会信用体系建设意见》(发改财金〔2018〕384 号)规定,如果您拒不配合,公安部门将依法处置,铁路部门将记录您的身份信息,在一定期限内限制购票,并按规定向国家、地方政府相关部门和有关征信机构提供铁路旅客信用信息。为避免对个人信用造成影响,请您自觉遵守国家法律规定和铁路有关规定,自觉维护铁路旅客运输秩序。谢谢配合。

第七章

车站服务案例及分析

第一节　典型案例分析

【案例1】　无票人员进出站

1. 案例概述

××月××日，某旅客和妻子、小孩在A站持票通过实名制验证口进站时，其弟弟和父亲欲送该旅客进站乘车，被工作人员拒绝后，其弟弟仍要求进站送人，双方发生争执进而引发肢体冲突，其父亲在冲突中诱发疾病，后送医院抢救无效死亡。

××月××日，G××次到达A站，某旅客持过期车票出站，工作人员发现并要求其补票，该旅客不同意补票并开始阻挠工作人员正常作业，随后双方发生肢体冲突，并被其他旅客录下视频上传网络造成了负面舆情影响。

2. 相关知识点

(1)《铁路安全管理条例》第七十七条第二点：禁止扰乱铁路运输指挥调度机构以及车站、列车的正常秩序。

(2)《中华人民共和国治安管理处罚法》第二十三条："扰乱公共汽车、电车、火车、船舶、航空器或者其他公共交通工具上的秩序的"，处警告或者200元以下罚款；情节较重的，处5日以上10日以下拘留，可以并处500元以下罚款。

(3)《民法典》第八百一十五条:旅客应当按照有效客票记载的时间、班次和座位号乘坐。旅客无票乘坐、超程乘坐、越级乘坐或者持不符合减价条件的优惠客票乘坐的,应当补交票款,承运人可以按照规定加收票款;旅客不支付票款的,承运人可以拒绝运输。

(4)原铁道部《铁路旅客运输服务质量监督监察办法》关于服务质量问题的分类:站车工作人员在工作中与旅客、货主发生争执造成不良影响的属于服务质量一般问题;站车工作人员在工作中刁难、打骂旅客、货主造成较大影响的属于服务质量严重问题。

(5)国铁集团《旅客运输服务质量规范》规定对无票、日期车次不符、减价不符、票证人不一致等人员按规定拒绝进站、乘车;对违章乘车旅客正确处理。

3. 分析点评

(1)工作人员解释不到位,对旅客提出的要求回答简单生硬。

(2)面对情绪过激旅客可能发生肢体冲突时,未控制好自身情绪,未使用音视频记录仪做好现场取证工作。

(3)在处理过程中,发现其他旅客使用手机进行拍摄时,没有引起足够的重视,未进行劝阻和引导,未及时反馈舆情信息。

4. 处理方法

(1)工作人员应将相关法律法规及铁路规定向旅客耐心做好解释。

(2)应控制好自身情绪,避免发生语言或肢体冲突,对恶意挑衅或举止不端的旅客,立即报告值班员、公安等到场处理,同时开启音视频记录仪对处理过程进行拍摄取证,明确告知旅客处置依据和后果,收集相关材料,纳入铁路旅客信用信息记录管理。

(3)站段应加强舆情监控,及时向客运部、宣传部汇报,以便事件后续处理及跟踪。

5. 服务用语

(1)先生(女士)您好,请出示购票证件!

(2)为了维护站内秩序,送客只能到这里了,请您理解。如您的亲人需要提供帮助,我们会安排工作人员进行服务,请您放心。

(3)您的车票是过期车票需要补票,请到旁边的补票室补票。

(4)这位先生(女士),您的行为已经违反了《中华人民共和国治安管理处罚法》第二十三条、《铁路安全管理条例》第七十七条和国家发展改革委等八部门《关于在一定期限内适当限制特定严重失信人乘坐火车推动社会信用体系建设意见》(发改财金〔2018〕384 号)规定,如果您拒不配合,公安部门将依法处置,铁路部门将记录您的身份信息,在一定期限内限制购票,并按规定向国家、地方政府相关部门和有关征信机构提供铁路旅客信用信息。为避免对个人信用造成影响,请您自觉遵守国家法律规定和铁路有关规定,自觉维护铁路旅客运输秩序。谢谢配合!

【案例 2】 旅客携带水果刀通过安检

1. 案例概述

××月××日,某旅客持 A 站到 B 站 G××次车票通过安检进入 A 站候车室,因自身原因未赶上列车,在售票窗口进行第一次车票改签后仍未赶上列车,当旅客再次到售票窗口进行第二次改签时,被售票员拒绝。旅客回到候车室检票口停留时,突然从双肩包内掏出一把折叠式水果刀扎向工作人员背部。

2. 相关知识点

(1)旅客不能按票面指定的日期、车次乘车时,在铁路有运输能力的情况下可以办理一次提前或推迟乘车签证手续。

(2)《铁路安全管理条例》第七十七条第二点:禁止扰乱铁路运输指挥调度机构以及车站、列车的正常秩序。

(3)安检员作业标准规定对旅客携带品应做到 100%过机,无漏检;值机员密切注视显示器屏幕,及时发现可疑物品,指导引导员开包检查。

3. 分析点评

(1)安检人员在作业中存在麻痹和侥幸心理,对行李中的小物件查验没有严格执行“逢疑必查”的作业标准。

(2)车站对日常安检作业的监督管理不到位。

4. 处理方法

(1)安检口应加强作业标准的落实,提高值机水平,准确快速辨别危险物品,防止漏检。

(2)车站应加强对安检作业的日常监督检查力度,杜绝安检作业流于形式。

(3)售票员应做好旅客车票改签相关规定的解释工作和情绪安抚。

(4)工作人员发现情绪激动或行为异常旅客应及时上前询问,尽可能帮助旅客解决困难。

5. 服务用语

(1)先生(女士)您好,请问有什么可以帮助您的?

(2)根据《民法典》等相关规定,车票只能办理一次改签,请您务必按照票面开车时间前登乘列车,以免耽误您的行程,谢谢!

(3)不好意思,您乘坐的该趟列车已经停止检票马上要开车了,为确保您的安全和列车运行秩序,不能再让您进站上车,请您理解和配合。

(4)您的车票已经改签一次了,按照《民法典》等相关规定,您的车票已经失效,如果您还需乘车的话请重新购票,我们会尽力为您提供帮助。

【案例3】　站内快递服务收费高

1. 案例概述

××月××日,某旅客在A站乘车通过安检时,因行李箱中的一瓶防晒喷雾属于禁止携带物品,安检员告知旅客可暂存车站,15天内自取,旅客拒绝暂存后又告知可通过站内的××快递邮寄,旅客发现快递人员佩戴铁路工作胸牌,且收费比市场价贵了一半,质疑铁路垄断经营,后经媒体报道造成负面影响。

2. 相关知识点

(1)国铁集团《旅客运输服务质量规范》规定站内商业场所统一标志，统一服务内容，统一服务标准，有商业经营管理规范，对经营行为有检查，有考核；经营单位持有效经营许可，经营行为规范，明码标价；无诱导旅客消费。

(2)站段是站车商业经营活动的监管主体，负有监管责任。负责对车站商户的依法经营、服务质量、安全进行全面监管，并为商户提供必要的经营条件，在满足旅客候车、乘降及客运作业的前提下最大限度地挖掘客站商业资源价值，提升客站服务品质。

3. 分析点评

(1)车站对站内日常监管认识不足，没有充分认识到站内监管对铁路客运服务质量和铁路形象的重要性，特别是认为提供禁限物品快递是便民服务措施，从而放松了监管。

(2)车站没有对快递公司收费标准和公示情况进行监管，引发媒体对收费高的质疑。

(3)多元经营单位对合作企业未经允许擅自引入与合作业务无关的工作不敏感，对办理人员佩戴铁路工作人员胸牌没有及时发现并制止，导致媒体误认为多元经营单位在车站范围内开展快递业务并高价收费。

4. 处理方法

(1)安检人员应严格落实对查获违禁品的处置流程，可由旅客选择交由亲友带回、放弃或提供 15 日内免费暂存服务，不得有诱导旅客消费行为。

(2)为方便旅客出行，可在安检处公布市场上快递公司的服务电话和网址，由旅客自行选择。

(3)站段应加强站内多元单位经营监管力度，规范管理。

5. 服务用语

(1)先生(女士)您好，您携带的防晒喷雾属于禁止携带物品(可指引旅客看揭示公告),这样也是为了确保您和广大旅客的安全,请您理解!

(2)先生(女士)您好,为了方便您的出行,我们为您提供了15日内免费暂存服务,在此期间您或者您的家人朋友可以前来领取,请问可以吗?

(3)这位先生(女士),对于您提出的站内快递服务点收费较高的问题,我们会尽快了解情况,给您一个满意的答复,也欢迎您继续监督我们的工作,感谢您提出的宝贵意见!

第二节 一般案例分析

【案例4】 错后乘车车票改签

1. 案例概述

某旅客××月××日因自身原因,未赶上G××次(A站至B站,A站16:00开)列车,旅客到售票厅要求改签当日其他列车,因该车为当日最后一趟去往B站的列车,无法办理改签。旅客提出两点质疑:

(1)该次列车为16:00开车,离当日24:00还有8个小时,车票不能按失效处理;

(2)虽然该次列车是当日最后一趟去往B站的列车,但可以先改签去中途站,以便后续中转,售票员答复"改不了就是改不了",未做进一步解释,引发旅客投诉。

2. 相关知识点

(1)遇旅客问讯时,表情自然,态度和蔼,目视旅客,有问必答,回答准确,解释耐心。

(2)"变更到站"只办理一次,且变更到站仅在原车票开车前48小时以前办理。

(3)开车后,旅客可改签当日其他列车,但只能在票面发站办理改签。

这里的“当日其他列车”是指在铁路有运输能力的前提下，即当日有车、有票额的情况下，方能办理改签。

(4)旅客在发站办理改签时，改签后的车次票价高于原票价时，核收票价差额；改签后的车次票价低于原票价时，退还票价差额。旅客办理中转签证或在列车上办理补签、变更席(铺)位时，签证或变更后的车次、席(铺)位票价高于原票价时，核收票价差额；签证或变更后的车次、席(铺)位票价低于原票价时，票价差额部分不予退还。

3. 分析点评

(1)售票员面向旅客表现出不耐烦的态度，回答方式简单。

(2)对旅客提出的质疑，售票员未耐心做好铁路车票改签相关规定的解释工作。

4. 处理方法

(1)售票员应使用文明用语，态度和蔼。

(2)耐心做好解释，向旅客说明其购买的该次列车已经是A站(含同城站)当日最后一趟去往B站的列车，铁路当日已没有运输能力；其次属于开车后改签，不符合变更到站的条件，因此无法改签至中途站。

5. 服务用语

(1)先生(女士)您好，您购买的这趟列车是今日24:00前最后一趟列车了，现在已经没有列车去往该站了，同时改签变更到站是需要在开车前48小时以前办理的，因此不能为您办理改签，请您理解。

(2)您的车票已经失效，您可以选择其他交通工具前往目的地，给您带来的不便，我们表示歉意，谢谢您的理解！

【案例5】 已检标记车票退票

1. 案例概述

某旅客××月××日在A站乘车时，刚过完检票口，还未乘车，公司客户打来电话有急事需要赶回处理，旅行中止。旅客来到A站办理退票时，售票员回答说票不能退，理由是："已经过了车站检票口闸机，就算是乘车了。"

2. 相关知识点

对旅客持有进站检票标记的车票本站进、本站出，要求退票时，开车前必须经当班客运值班员确认并在检票后30分钟内通过半自助或手持终端复位后，方可办理，退票核收退票费；开车后不予办理。

3. 分析点评

以上案例说明，一是售票员对旅客有进闸检票记录的车票简单判断为旅客车票失效，业务不熟。二是没有向售票值班员进行汇报，确认旅客情况属实后再妥善处理。

4. 处理方法

(1)售票员应加强业务知识的学习和掌握。

(2)业务不熟悉时应立即向售票值班员汇报，由售票值班员向客运值班员确认旅客进出站情况，由客运值班员签字后，开车办理退票。

5. 服务用语

(1)先生(女士)您好，您的车票已经标有检票标记了，请您稍等，我们马上落实情况，确认无误后我们会第一时间为您处理。

(2)不好意思让您久等了，我们现在为您办理退票手续，退票需要核收20%退票费，应退您××钱。

(3)(非现金支付时)退还您的票款将在15个工作日内返回到购票时使用的银行卡(微信、支付宝)，欢迎您再次乘车！

【案例6】 强制搭售乘意险

1. 案例概述

××月××日某旅客在A站售票窗口购买G××次A站至B站车票，售票员向旅客销售了1张3元的乘意险，旅客对乘意险提出质疑，售票员告知旅客"在窗口购买车票必须购买3元保险"。该女士无奈购买了乘意险后拨打 12306 进行投诉。

2. 相关知识点

(1)铁路乘意险是用于保障被投保人在保险期间内遭受非本意的、外来的、突然发生和非疾病的意外事故,致使身故、伤残或治疗的保险产品。

(2)铁路乘意险销售原则是“投保自愿,退保自由”,旅客在车站售票窗口或客票代售点投保时需使用投保确认器“确认”购买。

3. 分析点评

(1)售票员在销售过程中没有积极主动宣传乘意险的特点,未征求旅客意见,以“窗口购买车票必须购买 3 元保险”为由强制搭售。

(2)遇旅客质疑时未做好耐心解释工作和后续处理。

4. 处理方法

(1)售票员应当主动宣传旅客购买乘意险的好处,是为了确保旅客的旅行安全,保障旅客的合法权益。

(2)旅客不同意购买时应在第一时间将保险作废或是退保,并对自己的工作失误向旅客致歉。

5. 服务用语

(1)先生(女士)您好,为了保障您的出行安全,保障您的合法权益,我们为您提供了铁路旅客人身意外伤害保险,请问您需要吗?

(2)对不起,没有征求您的同意为您购买了一张乘意险,不好意思!我们现在马上为您处理,给您带来了困扰,我们表示诚挚的歉意!

【案例 7】 “铁路畅行”常旅客会员积分兑换车票办理退票或改签

1. 案例概述

××月××日,某旅客到 A 站售票窗口持一张当日 A 站至 B 站的 G××次列车积分兑换车票要求改签,售票员答复说不能办理改签只能退票,随后售票员为其办理了积分兑换车票退票业务,旅客在官网发现可以办理改签业务后投诉。

2. 相关知识点

(1)积分兑换的车票可办理改签业务,改签范围为允许积分兑换的车票,并有相应的积分。改签新票票价高于原票票价时需使用积分支付差额,新票票价低于原票票价时差额不退。办理时核收 1 000 积分手续费。在旅客符合条件的情况下,车站应当为旅客办理改签业务。

(2)积分兑换的车票不能办理退票业务(铁路责任除外)。

3. 分析点评

以上案例说明,售票员遇到自己不熟或把握不准的业务问题时,根据自己主观意识处置。

4. 处理方法

针对该事件,售票员应加强业务学习,遇见问题应及时向值班员报告或进行咨询求教,正确处理旅客问题。

5. 服务用语

(1)先生(女士)您好,很高兴为您办理积分兑换车票的改签业务,我先帮您查询下,请稍等。

(2)因我们的业务差错导致您的车票办理了退票,给您的旅行带来了不便,我们表示诚挚的歉意!

【案例 8】　持岗位合格证或借用他人证件乘车

1. 案例概述

××月××日,A 站验证口有 10 名身着工务防护服人员要求进站乘车。其中,带队人员手持借用的××工务段××车间一名职工的铁路工作证和免票,另 9 人手持“短期培训合格证”(过期),职名为防洪看守人员,无车票。A 站验证口工作人员询问后允许其进站乘车。后查,该批人员系某公司派遣人员,属无票乘车。

2. 相关知识点

(1)持用铁路各种乘车证的职工出入车站及在列车内须与旅客同样经

过检验手续，同时交验相关证件。

(2)在票面上加添、涂改、转借、超过有效期限或有效区间乘车，未持规定的有关证明、证件或持伪造证明、证件的均按无票处理，要查扣其乘车证及有关证件。

(3)符合条件的劳务工可使用登乘卡，否则应按规定购票。

(4)紧急情况可凭调度命令进站乘车。

3. 分析点评

(1)工作人员未认真执行票证查验制度，认为统一着防护服人员就属于铁路职工。

(2)未严格执行作业标准，对不符合条件的人员随意放行。

4. 处理方法

(1)工作人员应熟练掌握各类证件乘车使用规定，严格查验进站人员的票证是否有效。

(2)发现借用他人证件时应进行制止并收缴其证件，对不符合规定条件的人员应拒绝进站乘车，耐心做好解释工作。

5. 服务用语

(1)这位先生(女士)，您持有的工作证件系借用的他人证件，根据《民法典》《铁路乘车证管理办法》规定，我们将对证件进行收缴，同时，请您按规定购买车票后乘车，谢谢配合。

(2)你们持有的短期培训合格证不属于允许乘车的有效证件，请按规定购买车票后进站乘车，感谢您的理解。

【案例9】 持退休职工工作证携带家属进站

1. 案例概述

××月××日，A站验证口某旅客持本人退休职工工作证携带家属(无票)要求进站乘车，验证口工作人员回复不能乘车，该旅客强行要求进站，后发生肢体冲突。

2. 相关知识点

(1)《铁路乘车证管理办法》关于退休人员乘车规定：

①退休人员去外地探望父母、子女或回原籍，经发放退休费单位领导批准，人劳部门审核，本人和供养的配偶可共同使用一次探亲乘车证，但配偶及其供养的直系亲属不得单独使用。此项待遇退休后只限一次。

②退休人员及其供养的直系亲属就医、购粮、转院、陪护乘车按有关规定办理。

③退休人员使用铁路乘车证时，用退休证代替工作证。

(2)《铁路安全管理条例》第七十七条第二点：禁止扰乱铁路运输指挥调度机构以及车站、列车的正常秩序。

(3)《中华人民共和国治安管理处罚法》第二十三条“扰乱公共汽车、电车、火车、船舶、航空器或者其他公共交通工具上的秩序的”，处警告或者二百元以下罚款；情节较重的，处五日以上十日以下拘留，可以并处五百元以下罚款。

3. 分析点评

(1)工作人员对于铁路退休职工这一特殊群体，没有引起重视，解释工作不到位。

(2)旅客强行进站时，未控制好自身情绪，未使用音视频记录仪做好现场取证工作。

4. 处理方法

(1)工作人员应耐心做好解释，向退休职工说明关于铁路职工乘车的相关规定。

(2)如旅客强行进站时，应立即汇报值班员、公安等到场处理，避免发生正面冲突，同时开启音视频记录仪对处理过程进行拍摄取证，明确告知旅客处置依据和后果，收集相关材料，纳入铁路旅客信用信息记录管理。

5. 服务用语

(1)这位先生(女士)，您的退休职工工作证按照规定是不能乘车的，需要连同乘车证一起使用方为有效，同时您的家属需要购买车票，请您配合！

(2)这位先生(女士)，您的行为已经违反了《中华人民共和国治安管理处罚法》第二十三条、《铁路安全管理条例》第七十七条和国家发展改革委等八部门《关于在一定期限内适当限制特定严重失信人乘坐火车推动社会信用体系建设意见》(发改财金〔2018〕384 号)规定，如果您拒不配合，公安部门将依法处置，铁路部门将记录您的身份信息，在一定期限内限制购票，并按规定向国家、地方政府相关部门和有关征信机构提供铁路旅客信用信息。为避免对个人信用造成影响，请您自觉遵守国家法律规定和铁路有关规定，自觉维护铁路旅客运输秩序。谢谢配合！

【案例 10】 列车大面积晚点

1. 案例概述

某旅客××月××日购买了 G××次 A 站至 B 站的车票一张，18:20 为 A 站的开点，由于当天天气影响列车大面积晚点，车站显示屏显示列车晚点至 19:51 开，旅客发现列车在 19:30 左右就已开车，导致旅客没有赶上车，询问候车室检票口工作人员晚点列车提前走的原因，工作人员未予理睬，导致投诉。

2. 相关知识点

(1)车站应向旅客公告列车晚点信息，说明晚点原因、晚点时间，做好宣传解释、安抚和服务工作。向旅客通报时，站车广播每次间隔不超过 30 分钟，有条件的车站应提供实时电子显示、电话、语音系统查询。

(2)车站组织晚点列车的旅客乘坐其他列车时，同方向、同到站的其他后续列车有能力时，车站应在取得旅客同意的前提下做好车票改签工作。旅客来不及改签时，车站应提前联系列车，编制客运记录做好站车交接，列车应配合车站妥善安排旅客。

(3)工作人员必须掌握旅客列车晚点情况，遇旅客询问时，应耐心细致回答，不得使用“不知道”“没点”等不负责任言语或有不耐烦表现。

3. 分析点评

(1)旅客对车站显示的列车晚点信息提出质疑时,工作人员没有核实情况,做好解释,导致旅客误解。

(2)车站广播宣传,电子引导揭示更新不及时,耽误旅客行程。

4. 处理方法

(1)工作人员对旅客的问询应耐心解释,安抚旅客情绪,尽可能提供帮助。

(2)车站应加强广播宣传,提醒旅客不要远离候车室,随时关注晚点信息变化,因列车赶点造成与计划晚点时间提前时,应重点加强该车次的组织和区域宣传,确保旅客上车。

(3)因铁路责任导致旅客没有赶上列车时,应妥善安排最近列车,告知旅客没有席位,取得旅客谅解。

5. 服务用语

(1)先生(女士)您好,因列车晚点给您带来的不便,向您表示诚挚的歉意。

(2)因为我们的工作失误,导致您没赶上列车,请您谅解,我们会为您安排最方便的列车送您至票面到站。

(3)感谢您对我们工作的支持和配合。

【案例 11】 旅客持票要求提前乘车

1. 案例概述

××月××日,某旅客持 A 站至 B 站车票一张,到达 A 站候车室时,来到检票口询问工作人员能否提前进站乘车,不要座位,站着就行,工作人员答复"自己买的哪趟坐哪趟",旅客质疑以前经常提前乘车也没问题,工作人员没有解释,引发旅客投诉。

2. 相关知识点

(1)除当日使用一次有效的车票外未经改签旅客不得提前乘车。

(2)使用普通话,表达准确,口齿清晰。服务语言表达规范、准确,使用“请、您好、谢谢、对不起、再见”等服务用语。

3. 分析点评

(1)工作人员未使用文明用语,回答旅客表现出不耐烦的神情。

(2)未落实首问首诉负责制,面对旅客提出的疑问解释工作不到位。

4. 处理方法

(1)工作人员面对旅客提前乘车要求无法满足时,应引导旅客办理改签,如没有车票改签时应告诉旅客耐心等候。

(2)工作人员应使用文明服务用语,旅客提出疑问时应耐心做好解释工作。

5. 服务用语

(1)先生(女士)您好,为了维护旅客运输良好秩序,请您按车票上的车次、座席乘车,谢谢!

(2)如您需要提前乘车,请您到改签窗口办理车票改签,感谢您的支持和配合。

(3)现在没有车票改签,请您耐心等候,感谢您的理解。

【案例 12】 重点旅客预约服务脱节

1. 案例概述

某旅客购买了××月××日 A 站至 B 站的车票,因视力障碍预约了重点旅客服务,旅客乘车到达 B 站时,发现并没有人提供便利出站服务,全程自己一个人出站,导致旅客投诉。

2. 相关知识点

(1)旅客通过“中国铁路 12306”或提前到车站服务中心或向客运工作人员请求预约服务的,核实旅客需求合理后,登记预约服务的内容和联系方式,并按照约定及时提供相关服务。发现受理的重点旅客不符合办理条件时,可不提供服务,但做好解释安抚工作。

(2)站车对有需求的特殊重点旅客要做好站车交接,站车之间应及时通报特殊重点旅客服务信息。

(3)通知内容包括旅客姓名、联系方式、发站、车次、到站、到达日期、车厢号和服务需求。

3. 分析点评

(1)车站对重点旅客服务工作未引起重视,在通报了车次、车厢、联系方式等情况下,没有提前到达站台做好接车服务。

(2)客运工作人员对现场发现的特殊重点旅客未做到主动询问,并提供相应服务。

4. 处理方法

(1)车站应严格落实重点旅客预约服务工作,按照旅客需求提前到达指定位置做好相应服务。

(2)客运工作人员应加强现场巡视,发现特殊重点旅客应主动询问,及时提供服务。

(3)服务不到位时主动打电话联系旅客并致歉,取得旅客谅解。

5. 服务用语

(1)先生(女士)您好,请问您需要帮助吗?

(2)因我们的工作失误没有为您提供服务,对您表示诚挚的歉意!

第八章

铁路客运服务人员个人能力提升

铁路客运服务人员要做到本书前面章节提到的这些要求并不容易，真正能够做好本职工作，又同时体现自己的人生价值，就必须努力提高个人修养，做一个有理想、有事业心、有责任感、有感情、有道德的人。有理想，就是对铁路的事业要有奋斗目标的追求。有事业心，就是热爱铁路客运服务工作，并富有热情。有责任感，就是对客运工作认真负责，勤勤恳恳。有感情，就是对旅客热情，有同情心和服务意识。有道德，就是坚守岗位，履行职责，诚实、正直，讲究信用。

第一节　心理品质培养

情感品质、意志品质、性格品质的表现对一名铁路客运服务人员的能力形成和发挥至关重要，在为旅客服务的过程中表现出的敏锐度、承受能力等这些心理品质，直接影响着服务的水平和质量。

一、情感品质培养

情感是服务者与被服务者沟通时的调节器，是服务者表达思想的工具，可以产生增力或减力作用。积极、愉快、冷静的情感可以使人心情感到愉快、鼓舞，消极、冷漠、惊慌的情感会让人不高兴、不满意。铁路客运服务人员的思想倾向和感情色彩，往往会在具体的服务工作中流露出来，不管是有意识或无意识的表现，都会给旅客留下深刻的印象。情感品质的培养可以从以下三个方面去努力。

(一)培养具有正确、高尚的情感倾向

情感倾向，是指人的情感指向什么及为什么引起。有较高的情感修养的人，不会在受到表扬和赞美后变得沾沾自喜、得意忘形，不会挨了批评而情绪一落千丈，而是不管在任何时候、任何情况下都能保持冷静、镇定、愉悦的情绪和高度的理智。

铁路客运服务人员有了正确、高尚的情感倾向，才能对铁路客运服务工作倾注热情，才能长久地保持真心为旅客服务的内动力。在实际的工作中，自觉地维护旅客的利益，主动地做好服务工作，能以理智控制和调节自己的情感，进而保持心理平衡，保持愉悦的心境，主动关心、体贴旅客，为旅客排忧解难。对危害铁路和旅客利益的不法行为敢于与之斗争，对批评自己错误、缺点的旅客能表现出极好的承受力，并迅速改正。例如，有一位大学生分配到车站工作，深刻认识到这份工作的社会意义，由于有了正确、高尚的情感倾向，工作目的十分明确，把自己在大学里所学的管理知识运用到班组管理和站务工作上，探索出“实名制”站台票的操作流程和规范，并提出“旅客的需要就是我们的服务，旅客的满意就是我们的标准”为工作的指导思想，工作的有声有色。

(二)培养深厚、稳定、持久的情感

情感在人的心理活动和行为表现中的反映程度会有深有浅，有的稳定而持久，有的则反复多变。情感的稳定程度和变化状态，对一个人的生活和工作有很大影响。这同一个人的理想、信念、志趣有着密切的联系。深厚、持久而积极的情感是可以在工作中培养的。对职业、对旅客有深厚、持久而积极的情感，就有了做好铁路客运服务工作的心理基础。就如有了做优秀职工的理想，也就有了做好工作的愿望，从而真心实意把旅客摆在“至上”位置，积极热心地帮助旅客解决困难。

(三)发挥情感效能作用

情感效能是指情感在人的实际行动中发生作用的程度。情感效能作用的发挥,实际表现在一个人对人、对事的是非判定以及责任感上。只有铁路客运服务人员有了热爱工作、热爱事业、热情为旅客服务的积极而深厚的情感,才能做好服务工作,使旅客产生深刻的心理感受,对你的工作感到满意。例如,旅客有了困难主动询问,设法帮助他解决,这是促进行动的情感效能发生作用。

二、意志品质培养

人的意志品质是完成困难任务所必备的主要条件。坚强的意志是一个人在事业上取得成就的必备心理品质,是自我修养提高的重要条件。意志品质表现有自觉性、果断性、坚定性和自制性。

(一)意志的自觉性

意志的自觉性是指一个人有明确的行动目标,并能深刻认识到行动的价值,使自己的行动服从于社会、企业的目的及其要求。

铁路客运服务人员有了明确行动的自觉性,就能把服务工作看作是一种具有社会意义的劳动,并努力去实现行动的目的,即使遇到困难和挫折,也会毫不动摇。例如,一些优秀的铁路客运服务人员,之所以能够在平凡的岗位上做出不平凡的事迹,就是因为他们有明确的工作目的,在具体的工作中能顾全大局,维护铁路的社会效益和经济效益,团结协作,服从命令,听从指挥,令行禁止,自觉地按标准作业,保持良好的职业道德和精神状态,不谋私利,热情周到地为旅客服务,使旅客感到满意。

(二)意志的果断性

意志的果断性是指一个人能迅速做出决定,毫不犹豫地采取行动。一个人的果断性主要表现在:周密思考,辨明是非,迅速认识事物的本质,找到解决问题的途径,善于利用时机,当机立断,勇敢无畏。果断与武断是两个不同概念。武断主要表现在:盲目自信、主观判断、草率从事、轻举妄动,是意志薄弱的表现。

果断性是做好铁路客运服务工作的必要条件，是不可缺少的工作作风。铁路客运服务工作任务艰巨而且复杂，随时都会遇到紧急情况。铁路客运服务人员必须具有意志的果断性，才能应对随时发生的变化情况，不怕担风险，迅速果断做出应急处理的决定。或者在发现自己的工作有失误的情况时，能够立即停止行动或改变自己的行动方式。如果缺乏果断性，犹豫不决，当断不断，就有可能酿成大祸。

（三）意志的坚定性

意志的坚定性是指一个人克服工作中存在的各种困难和阻力而保持充沛的精力和顽强的毅力，以达到预定的工作目标。意志的坚定性也是取得成就的重要条件。坚定性与顽固性有本质区别。顽固性主要表现在：不善于理智地评价自己的思想行为，不能客观地权衡外界情况，一意孤行，即使验证了自己的行为是不合理、不恰当的，仍坚持己见，不肯改变。例如，铁路客运服务人员在同旅客交往中，被误解，甚至无理刁难的情况是经常有的事。铁路客运服务人员有了意志的坚定性，面对这些情况，会仍保持主动、热情服务的心态，能够冷静、耐心以恰当的方式处理，不会有非“战胜”对方不可的表现。

（四）意志的自制力

意志的自制力是指一个人善于控制和支配自己的情绪和行动。也就是说，是一个人的克制力和忍耐力。在紧急关头和困难时刻，在重大的事变和危险面前，都能控制自己的情绪，沉着应对，处变不惊，听到尖刻的批评，能把握自己的情感，在物质利益和荣誉面前能控制自己的欲望，保持清醒的头脑，同时也能时刻注意改正自己的不良习惯。

铁路客运服务人员具有良好的意志自制力尤为重要。当与旅客发生矛盾时，应表现出冷静、忍耐，克制自己暴怒的情绪和不当的举动，心平气和地进行说理。不论遇到什么情况，都能保持情绪稳定，并能用铁路职业道德、职业纪律约束自己，维护铁路声誉。

三、性格品质培养

性格与人心理活动的各个方面都有着密切的联系，包括对社会、对他人、对自己、对事物等各方面的态度和行为。由于每个人的思想观念、思维方式、生活环境和工作习惯不同，形成了独特的性格，其优点、缺点都很突出。

要想培养好的性格品质，平时应注意：说话的语气，不要以不悦或对立的语气与人说话，应该保持沉默的时候少说话，不打断别人说话，谈论别人所关心的事，注意说话人称，不要老是突出“我”这个字，不要以傲慢的态度或质问的口气提出问题，在谈话中，不要插入一些使别人感到不好意思的话，如果把道理说清楚了，就该及时闭口，不要自吹自擂，夸耀自己，不嘲笑、讥讽别人的言谈举止、穿着打扮，不要以傲慢的态度拒绝他人的要求，不指责和自己意见不同的人，不随意评论别人的不是。不好的性格会对人的品德、智慧和能力产生不利影响，容易导致失败，例如，安全感至上，因循守旧、得过且过，不求有功、但求无过，不敢创新、四平八稳；胆怯畏缩，害怕和别人不同，害怕批评，害怕犯错误，不敢坚持己见，容易向压力低头，压抑自己，去迁就别人；矛盾重重，反复思虑，犹豫不决，始终拿不定主意；多疑虑，过分谨慎、多疑，把不重要的细节放大，不敢放手大干；拖延，做事不利索，今天应做的事情推到明天去做；缺乏信心，自认不行，或者认为做了也没有用，事情还没有开始，就先判断不可能成功，是自我挫败的表现；自满，不肯虚心接受意见和批评，不肯求变、求新，自我感觉良好，坐井观天；婆婆妈妈，心眼小，小事斤斤计较，只看眼前的利益，只关心细节小事，不够爽快，拖拖拉拉。

良好的性格可以在社会群体活动中锤炼出来。铁路客运服务人员搞好铁路客运服务工作，应注意以下几方面性格品质的培养：

（一）宽容大度

宽容大度，是指心胸宽广，有气量，不过分计较和追究。宽容大度主要表现在：能顾全大局，在非原则性问题上能忍让，对不同意见，甚至逆耳忠言，持接纳态度，然后区别对待，善于实行心理换位来看待人和事。铁路客运服务人员有了这种性格品质，便容易建立和谐的心理气氛，会使旅客感到亲切温暖，有安全感。

（二）谦虚谨慎

谦虚，就是虚心、不自满，谨慎，就是严格要求自己。谦虚谨慎主要表现在：有自知之明，在成绩面前不居功自傲，在缺点、错误面前不文过饰非；对人有礼貌，平易近人，尊重别人。铁路客运服务人员有了这种性格品质，才能真诚地接受他人批评，才能尊重旅客，理解旅客心理需求，做好服务工作。

（三）正直诚实

正直诚实是做人、取信于人的基本要求。正直，就是公正坦率，诚实。就是言行跟内心、思想一致，不虚假，实事求是。正直诚实主要表现在：处理问题光明正大，不弄虚作假，对待旅客以诚相待，表里如一，有正义感。

（四）自尊自信

自尊，就是尊重自己，对自己的思想行为负责。从事服务工作是对社会有意义的一份工作，不能有自卑感，需要尊重这份工作。自信，就是相信自己的力量，对工作充满信心，不为一时一事的困难、挫折所动摇、干扰，深信自己能够完成或胜任工作。一个尊重自己的人，就会对自己的思想行为负责，就会增强搞好工作的信心，并以十分自信的态度从事工作。

第二节　良好个性的培养

个性决定思维，决定生活方式。良好的个性是提高职业竞争力、自我价值实现的重要砝码，完善个性是一个人走向成熟的开始。

一、个性的含义

个性，是指个体带有倾向性的、本质的、比较稳定的心理特征的总和。

具体地讲，个性是指在个人生理素质的基础上，在一定的社会生活条件的影响下，在个人与他人相互交往的实践活动中所形成的稳定的心理倾向与心理特征的独特而统一的结构。

二、个性的形成

个性的形成因素一般有两个：一是先天决定因素，即遗传基因；二是后天决定因素，即环境因素。也就是说，个性是在遗传的基础上，在一定的社会环境和教育条件影响下，通过个体所参加的实践活动而形成的。个性是有条件地、暂时地存在的，所以是相对的。

遗传对个性的形成影响很大，是先天决定因素，是个性形成和发展的前提，对人的行为表现起着较为持续、特定的影响作用。例如，任性、倔强、温顺、活泼、开朗、直率、文静、好胜、自卑、傲慢、冷漠、孤僻、固执和腼腆等。

环境因素影响着个性形成的进程，决定个性的发展方向及水平。例如，一个人的兴趣、爱好、性格、观点、信念等是在后天的学习和环境影响下形成的。在不同社会条件下生活的人，其个性会受到社会生活环境的影响和制约，特别是社会制度、生活环境、政治形势、文化教育、个人经历，对个性的形成和发展影响更为明显。

三、个性的特点

由于个性是人的气质和性格的综合心理，其特点表现在以下五个方面：

1. 独特性

由于每个人的遗传因素不同，社会实践和经历不同，因此形成的个性也是千差万别的，这些差别表现出个性的独特性。也就是每个人都有与别人不同的性格、气质和能力。

2. 整体性

个性的整体性，是反映一个人兴趣、爱好、气质、性格以及能力方面的所有特点，只有在个性整体中才有其确定的意义。个性是一个统一的整体结构，是人的整个心理面貌。

3. 稳定性

个性的稳定性是指一个人在一定的时间里经常表现出来的保持相对不变的，比较稳定的特点。不论何时、何地、于何种情景下总是以他惯用的态度和行为行事。一个人的个性一旦形成，就相当稳定，不会轻易改变。

4. 倾向性

一个人有什么样的理想、信念和价值观，喜欢什么，追求什么，即表现出个性的倾向性。需要是个性的核心，在人的个性倾向性系统中起关键作用。

5. 社会性

人不仅具有自然属性，同时也具有社会属性。一个人如果离开了社会，正常心理发育将无法完成，更谈不上个性的发展，生活也显得无意义。

四、个性的作用

人的个性主要反映在思想品格和生理性格两个方面。思想品格主要是一个人的意志、意识（需要、动机）、觉悟，生理性格则是人的心理活动和言行规律的反映，它有一定的先天性。

个性影响人的意志，影响人的情绪，影响人的理智，影响人的身体，从而影响人的品德、智慧、能力、行为和人际交往，影响一个人的生活。良好的个性容易化解矛盾，使人际关系融洽，如果一个人有个性缺陷，又不通过自己的努力加以抑制与完善，不进行有意识地个性改造，那么，这种有缺陷的个性一旦定型，就难以改变。

五、良好个性的表现

良好的个性主要表现在：健康、情感成熟和社会性成熟。

（一）健康的表现

世界卫生组织给健康下的定义是：健康是指身体上、精神上的完全平衡状态。也就是说，健康是指一个人身体没有缺陷和疾病，并有完整的生理、心理状态和社会适应能力。

心理健康的标志包括以下三个方面：

1. 正常的智力

正常的智力就是对客观事物的反映深刻、完整、正确程度高，解决问题的速度快、质量好。

2. 健康的情绪

健康的情绪即表明一个人的立场、观点是健康向上的，个人的活动与社会生活的要求处于良好、和谐的状态。其心理特点是富有同情心，具有高度的敏感性，保持充沛的热情。

3. 适度与协调的行为

适度的行为，是指人的行为反应符合人之常情，喜怒哀乐、言谈举止均在情理之中，并与身份相称。

(二)情感成熟和社会性成熟的表现

情感成熟和社会性成熟是良好个性最重要的表现。可以通过以下情形判断自己的情感成熟和社会成熟的表现程度。

1. 能正确认识自己，正确评价别人，懂得“以事论事”而不“以人论事”。

2. 能善解人意，善待他人，充分理解“人必先自爱而后人爱之”“人必先自助而后人助之”的道理，真诚、平等待人。

3. 办事说话有主见、有原则，不以他人的喜恶作为自己行事说话的标准。办事说话有分寸，不过头、不过急，不搞片面、不走极端、不一刀切。

4. 对客观事物有敏锐的知觉和正确分析、判断能力，能明确区分事物的现象和本质，正确看待主观和客观要素。

5. 深知世界上的一切事物都是在变动的，包括自己的思想也在时刻变化着。遇事不呆板，灵活应变，注意原则性和灵活性相结合，在不违反政策、原则的前提下变通处理问题。

6. 有自主意识和独立人格，对自己的思想行为负责。相信自己的力量，对自己所从事的工作充满信心，有坚韧不拔的意志力，不为一时一事的困难、挫折所动摇、所干扰，深信自己能够完成或胜任工作。

7. 有较强的自制力，能审慎地控制自己的欲望或情绪。情绪稳定，不大起大落、忽高忽低。能时刻控制自己的不良习惯。

8. 理性地认识自己的长处和短处，优势与劣势，客观地检查、衡量自己的观点和行为表现。

9. 能融洽地与别人相处，善于简单而有效地处理人际关系。

10. 能够明确地辨别是非善恶，知可为与不可为，三思而后行。

11. 有远见，有强烈的进取心和创新意识，勇于承担风险。

12. 能忍受孤独和寂寞。

13. 明白良好的动机未必会带来良好的效果，能平缓地承受任何委屈。

14. 不会坠入“非此即彼”“非黑即白”的两极思维陷阱。

15. 精细周密，做事谨慎，不急躁武断，不感情用事。

归纳起来讲，良好的个性就是在保持自我的前提下，会为人处世，充分运用灵活的原则处理方方面面的人际关系，承认与尊重他人的价值。

六、培养良好的个性

个性是非智力因素，是人的整个心理面貌的综合反映，应该从哪些方面去注意培养良好的个性呢？

(一)自我审视，避免尖锐的个性

平常应注意审视自己的个性。与人交往中，哪些方面能得到他人良好的情绪反馈，哪些方面会冒犯、唐突别人。找准关键点后，扬长避短，改进尖锐个性，提升个人形象，让自身更具人格魅力。反之，如果对自己的“致命缺点”视而不见、置之不理，久而久之就会被他人疏离、厌弃。

(二)懂得人情，塑造良好的个性

不懂人情很难被他人喜欢，但处事过于圆滑又会被怀疑是否真诚。这两种人都不是良好的个性表现。只有清楚地了解自身个性优势，不违背内心的“本我”，不刻板、不守旧，接纳不同的认知、理念，运用共情、灵活的方式处理人情世故，使自己的个性展现出更丰富、更多彩的一面，获得大众的认可、欣赏。

(三)修炼打磨，培养卓越的个性

卓越的个性只能靠自己去调整、修饰。可以从以下几个方面努力：

1. 要有一个好的心态，即积极自信、乐观豁达、直面人生、奋发图强的心态。

2. 培养迷人的内涵，做事果断，能快速适应变化的环境，对人对事执着，对确定的目标有诚挚的态度。面对现实，灵活变通，掌握丰富的知识，有幽默感、正义感和责任感。

3. 以愉快的心情，客观地认识自我，理性地评价自我、肯定自我和接纳自我，相信对方喜欢自己。

4. 培养优雅的气质。根据自己的气质类型表现，有意识地发挥积极方面，克服消极方面，形成稳定的、以积极因素为主导的良好的气质性格。

5. 提升外在美，即培养谈吐文明、举止大方、仪表庄重、机智灵活的良好形象。

6. 接受教育培训。接受教育能增长很多知识，扩大视野。接受教育是很容易的事，但是自己教育自己就不那么简单了。教育自己的真正方法，是以怀疑的眼光看事情。扪心自问，自己欠缺什么，有何不足。

第三节　服务意识的自我修炼

旅客运输行业在日益激烈的市场竞争的环境下，企业之间产品和服务日趋同质化，服务的创新已成为各企业争取和挽留旅客的有力武器。铁路客运服务人员服务素养的自我改进是铁路维系和拓展市场份额、应对激烈竞争的重要举措，也是服务创新的基础。自我改进也是铁路客运服务人员提高服务质量永恒的主题，面对期望和需要不断提升的旅客群体，只有不断总结、取长补短，学习新的服务理念和服务模式，以提升自身的服务技能和服务素养，才能赢得旅客的青睐。下面从以下几个方面说明如何自我修炼、培养良好的心理品质。

一、有爱岗敬业精神

信念就是一个人对某种思想、某项事业有坚定的看法，在心理活动中起主导作用，成为精神支柱。有了精神支柱，就会产生内驱动力。有了爱岗敬业的精神，才能做好本职工作。提倡热爱铁路，忠于职守，不仅仅是对铁路运输企业负责，实际上也是对个人自身负责。

正确认识铁路客运服务工作的重要意义和作用是搞好铁路客运服务工作的关键。如果没有坚定的信念和良好的心理品质作基础，也是干不好或干不了铁路客运服务工作的。选择了铁路客运服务工作，首先应该明白是为自己工作，为自身和家庭的生存、发展，提高生活质量而工作。其次是为了体现自我价值，有自己人生的目标追求，即成为一名优秀的铁路客运服务人员。在实现自己价值的同时，铁路客运服务人员的优质服务满足了旅客的需要，为铁路运输企业赢得市场，为企业增加了利润，同时，自身价值也得到了体现。如果不好好工作，工作出差错，甚至被追究刑事责任，就会付出惨痛的代价。无论干什么工作，只要爱岗敬业精神，钻研出一技之长，干出与众不同的特色来，就会干出成绩来。

二、提高自我管控能力

(一)正确认识自己

正确认识自己是指客观、全面、正确地认识和评价自己，包括对自己生理机能、心理素质、体能智力、行为特点，以及对周围事物关系的认识。那么，铁路客运服务人员怎样正确认识自己服务的好坏呢?

1. 以自我分析认识自己。对自己的思想活动、言行举止等进行反省，冷静地分析对错得失，明确努力方向。班工作结束后，回顾总结班工作中发生的人和事，自己是如何处理的，以及哪些是需要改进的。

2. 以他人评价认识自己。旅客对自己的态度、评价等都是自己表现的结果，应成为自我认识的参照点，从中发现自己的不足，从而警醒。在不足和不良倾向方面，做到见微知著。

3. 以相互比较审视自己。有比较才有鉴别，要正确认识自己，经常地、自觉地与别人的优点进行比较，找出差距，努力提高自己。

4. 以不断学习升华自己。人与人之间进步的快慢，差别就在于学习。会学习的人，获得的知识多，潜在能力就越大。会总结的人，吸收别人的优点、长处，进步更快。只有通过不断学习，提高认识自己的能力，才能丰富自己的知识和才能。

如果铁路客运服务人员能在自我观察、分析的基础上，对照铁路客运服务人员的任职基本条件和基本素质要求，找出自己的不足之处，分析总结，并努力改正，勇于进取，使自己的言谈、举止、态度、能力更趋向成熟，那么服务工作将获得更多旅客的认可。

(二)适当自我激励

铁路客运服务工作是以旅客服务为中心，在这个过程中，不仅要正确认识自己，树立良好的形象，还要不断地激励自己，追求职业理想，保持良好的心理素质，增强进取心；保持清醒的头脑，更新观念，增强对事物的敏锐度和洞察力。

保持头脑清醒需要悟性，一是增强对事物的敏锐度和洞察力，使自己时刻保持清醒的头脑，与时俱进，开拓创新，二是不断改进工作方法，掌握为旅客服务的规律，提高服务水平。

(三)学会控制情绪

控制情绪，化解不良情绪是服务旅客的要诀。铁路客运服务工作每天与各种各样形形色色的人打交道，会有许多事情和人使你产生喜怒哀乐的情绪，例如，遇到一些不顺心的事、刻意刁蛮的旅客，这时要善于控制自己的情绪，学会自我安慰、自我调节，意识到自己要发脾气，就要努力控制自己，推迟发怒，逐步把不必要的怒气减少到最低限，生气、发怒往往是解决不了问题的，需要理智和适当的方式处理。适度而不失理性，控制情绪，化解不良情绪，保持健康、快乐的情绪，是搞好服务工作的要诀。例如，面对突发事件显露惊慌失措或悲观失望的情绪，这种情绪会传递给旅客，就会严重影响工作，甚至会产生严重后果。

(四)接受不同见解

每个人的角度不一样，思维方式不一样，考虑的立场、要求不一样，就会有不同的感受和见解。铁路客运服务人员能要正确对待旅客不同见解，站在旅客的角度来换位思考，接受来自旅客的批评，化解旅客的不良情绪。

(五)积极应对挫折

挫折在心理学上是指一种情绪状态，即个体在从事有目的的活动过程中，遇到障碍或干扰，致使个人动机不能实现，需要不能满足时的情绪状态。遇到挫折，通常会引发心理痛苦、情绪低落、行为偏差，甚至导致疾病。

应对挫折的方法是以积极的心态工作，把挫折造成的不幸和对个人的打击，当成是锻炼自己的好机会，再通过自己的主观努力，弥补自身的缺点或不足，使自己很快进步，减轻痛苦和压力，同时提高应对困难和挑战的能力，从而使自己轻松愉快地工作和生活。

提高自我管理能力实际上就是一个人的自我控制能力，这种能力主要靠自我意识在后天的社会生活实践中经过长期磨炼逐渐形成，一个善于自我管理的人，有了积极的人生态度，又善于处理人际关系，会使人变得活泼、富于进取心，充满冲劲和抱负。

第四节　保持良好的心态

心态决定行动。有什么样的心态就有什么样的行动。如何保持良好的心态呢？

一、摆正工作位置

接受领导，服从领导，正确处理好上下级关系，处理好同事的关系是保持良好心态的重要体现。只有处理好同事间的人际关系,同事间彼此体谅、帮助、接受对方,才能做到工作中的默契配合。

二、学会欣赏别人

欣赏别人往往有一种潜移默化的作用,会不自觉地学到别人的优点、长处,这对提高自己的能力和个人修养大有好处。同时也要学会解嘲,有助于自己保持清醒的头脑和愉快的工作情绪。学会欣赏别人,多赞扬,少评论或不评论,这是搞好人际关系的好方法。

三、保持身心健康

身心不健康会导致易怒、恐惧、忧郁、焦虑、自卑、嫉妒、多疑等坏情绪,甚至会影响人的感知力、记忆力、想象力、注意力、意志力,其生活情感、行为能力也会产生障碍,不利于铁路客运服务工作。铁路客运服务人员应养成良好的生活作息、拥有健康的饮食习惯,只有身心健康,才能控制情绪、规范举止,能够正确地看待自己和别人,既不狂妄自大,也不妄自菲薄。

四、维持心态平衡

当前社会环境复杂多变,如果不能坚定自己的信念,就容易出现心态不平衡,做出不理智的行为。如果不注重修正自身不良心态,一旦形成稳固的性格特征,就会显露出性格弱点,出现心态不平衡,甚至衍生出报复社会的极端思维。铁路客运服务人员应积极自信、乐观豁达、面带笑容,直面人生的高低起伏,这些因素是保持心态平衡的重要因素,在逆境中不消沉,在顺境中不得意,喜时淡然,忧时泰然,始终保持清醒、理智的头脑,把精力放在提升自我素质、增长自我才干上,脚踏实地做出成绩。